यहीं कहीं पर
(संपूर्ण कविताएँ)

खंड : 1

वाणी प्रकाशन
नयी दिल्ली-110002

यहीं कहीं पर

(संपूर्ण कविताएँ)

खंड : 1

सुनीता जैन

(1973-1998)

ISBN 81-7055-633-3

वाणी प्रकाशन
21-ए, दरियागंज, नयी दिल्ली-110002
द्वारा प्रकाशित

प्रथम संस्करण : 1999

मूल्य प्रत्येक खंड 350.00
(संपूर्ण सेट तीन खंडों में 1050.00)

अन्ना कम्प्यूटर्स, दिल्ली-110053
द्वारा लेजर कंपोज़

शुभम ऑफसेट, दिल्ली-110032
में मुद्रित

YAHIN KAHIN PAR-1
(Poems)
by Sunita Jain

आभार

मेरी कविता इनकी ऋणी है :

बाबूजी डॉ० विद्यानिवास मिश्र
डॉ० वागीश शुक्ल
डॉ० केदारनाथ सिंह
राजी सेठ
भाई चंद्रकांत बांदिवडेकर
डॉ जगदीश गुप्त
डॉ० जगदीश चतुर्वेदी
मृणाल पाण्डे
डॉ० प्रमोद त्रिवेदी
शामा सोंधी
डॉ० रणवीर रांग्रा
डॉ० परमानंद श्रीवास्तव
डॉ० गुरचरण सिंह
डॉ० रश्मि बजाज
और

प्रिय वीरेन्द्र जैन—जिनके प्रोत्साहन, कविता प्रेम और अथक श्रम से ये सब समग्र संभव हुईं।

कविता-क्रम

समीक्षा-क्रम

कविता ?

—सुनीता जैन

आत्मकथ्य जैसा क्या होता है किसी के पास भी कहने को ? अपने विषय में सोचती हूँ तो बार-बार याद आता है भाषा से मेरा सबसे पहला सम्बन्ध—सबसे पहली पहचान बचपन में । ऐसे बचपन में जिसमें एक ओर तो कई-कई एकड़ फैले बाग-बगीचे थे और उनके बीच बनी मेरे न्यायाधीश पिता को आवास के लिए मिलीं पुरानी गोल कोठियाँ—अंग्रेजी वैभव में डूबीं, और इस बात की साक्षी कि कुछ दिन पहले तक अंग्रेज वहाँ थे । कोठियों के ड्राइववे पर खड़ी दो घोड़ों की टमटम या विक्टोरिया, बाऊजी के लिए तैनात वर्दीधारी दरबान, गेट पर पुलिस या मिलिट्री का पहरा, गमलों की करीने से लगी कतारें, पास में कहीं कचहरी, हथकड़ियों की यदाकदा खनक, साइकिलों पर आते-जाते स्टेनो और सुबह-सुबह हज्जाम की खड़खड़ाती सन्दूकड़ी …।

दूसरी ओर, नहलाने और चोटी कर देने के बाद भुला दी गई छोटी लड़की—मैं, नंगे पैर बीरबहूटी से लेकर मोरों के अंडों तक, वृक्षों की कोटर में तोतों के झुण्ड से लेकर पत्तों में छुपे घोसलों तक, सब पर नजर रखती । पैरों में कीचड़, हाथों में फूल या फल की सुगन्ध कपड़ों पर शहतूत या आलूचे का रंग और उस लड़की की कोठी के बाहर आँख बचा कर चले जाने की लगातार चेष्टा, उन खेतों की तरफ जिनमें पक-पक कर सड़ चली थी सब्जी की फसल । वह लड़की नहीं जानती थी कि देश का विभाजन क्या होता है । या कि खेतों के मालिक कहाँ हैं । खेतों में या नहर किनारे तरह-तरह के पंख बीनती वह किसी नौकर द्वारा पकड़ी घर लाई जाती । फिर सारी दोपहर खसखस के पर्दों की गीली ठंडक में चुपचाप सोने के आदेश को मन मार कर पालती । बात करने को कोई भी नहीं था उसको—सिवा सेवकों के बच्चों के । उनकी अलग-अलग भाषाओं—मुल्तानी, पूर्वी, पंजाबी के रसों में से वह लड़की अनजाने ही अपना रस चुनती रही । उन्हीं दिनों सहसा लाउडस्पीकरों पर, तांगों पर, सभी जगह न समाप्त होने वाला वह शोर—रघुपति राघव राजा राम. . पतित पावन सीताराम. . बापू को, गाँधी को, गोडसे ने गोली मार दी ! सनसनी ! करफ्यू ! और अकेली नासमझ वह, कुछ समझना चाहती । घर पर तभी-तभी आया था एचएमवी का ग्रामोफोन । सहगल की दिल को मरोड़ती-सी आवाज, जब दिल ही टूट गया / हम जीकर क्या करेंगे । एक और गीत था जो एक कहानी-सा वह मन्त्रमुग्ध हो सारी दोपहर तवे पर सुनती रहती :

एक बाग में क्या देखा
बुलबुल वहाँ रोता था
और पास खड़ा माली
एक हार पिरोता था
दिल चीर के हर फूल का
खुश कितना वो होता था
बुलबुल तो तड़प जाता
जब शूल चुभोता था
दुख सह न सका बुलबुल
कुछ कह न सका बुलबुल
और बहने लगे आँसू
यह कहने लगे आँसू—क्या ?

उस लड़की का वह अकेलापन, प्रकृति से निकटता, शब्द की गूंज, स्मृति और पीड़ा के रसायन में जन्म लेती कल्पना, और इन सबसे ऊपर या परे एक पर्दा उठता हुआ किसी तिलस्म का; एक जादू किसी ऐसे संसार का जो है पर कहाँ ? अपना नहीं, पर क्यों अपने से ज्यादा पीड़ा देने वाला ? मौन बेचैनी; स्वप्न और यथार्थ की, एक दूसरे से ये कबड्डी-कबड्डी; जैसे आकाश में उड़ती पतंग अभी उड़ी, कटी, फिर नहीं मिली, खोजने से भी ।

आप पूछ सकते हैं आत्मकथ्य में यह आत्म-कथा क्यों ? मैं मानती हूँ कि ऐसे लेखक हैं जो बहुत चौकन्ने हैं । वे धड़ाधड़ कह सकते हैं कविता उनके लिए क्या है; किंतु वैसी लेखक या कवि मैं नहीं । सफलता के किसी ऊंचे सोपान पर जिसे सब साफ-सुथरा दिखता हो, वैसी मेरी दृष्टि नहीं । मैं अब तक इतना ही समझी हूँ कि कविता से कोई बंधा बंधाया सम्बन्ध नहीं हो सकता लिखने वाले का । लिखना मेरे लिए इसी जन्म में बार-बार जन्म लेने, लेते रहने का एक माध्यम, एक अवसर, एक उत्सव है । मेरे सब से पहले जन्म में कविता, या शब्द, या भाषा, या उनकी प्रतीति—एक स्वाद थी, एक एन्द्रिक पहचान—जैसे किसी नए-नए पक्षी से, गहरी सुगन्ध वाले फूल से, किसी मनभाते मिष्ठान से, ऋतुओं के बदलते स्वभाव से ।

मेरे दूसरे जन्म में भाषा एक धुकधुकाहट, एक मित्र, एक चोर, एक प्रेमपत्र, एक संकेत, एक बहुत निजी अपना कुछ । अपने ही अजनबी होते जा रहे शरीर में कहीं जाना-पहचाना अकेला मन, और मन के भीतर शब्दों की नित नूतन पूंजी । कही गई बातें—ज्यों एक गहरी उसांस । यह मेरा कविता में, या कविता का मुझमें अद्‌भुत काया-प्रवेश था । इसी अद्‌भुत सम्बन्ध के कारण मैं स्कूल और कालेज के मित्रों का छिछोरापन, घर में शादी की बातों को लेकर हुई घुटन, और विवाह के बाद हर ओर से बंद रास्तों की दहशत को स्वप्न-सा झेल गई । विवाह के तुरंत बाद विदेश में खो गई मेरी अपनी पहचान । विदेशी भाषा की

खिचड़ी में खिचड़ी हो गया कविता से सम्बन्ध। और उसी सब में से, द्विभाषी ही सही, कविता फिर से मेरे दोनों व्यक्तित्वों को सम्भालती, मेरे हिंदी के लेखन और अंग्रेजी की पढ़ाई को संतुलित करती रही—एक निरंतर हिलती तुला सी, जो आकुलता से अधिक एक दबाव थी, एक मौन चुनौती कि बने रहना है। अपनी ही खोह में अपने सिरे को खो नहीं देना है। सो शब्द का धागा खुलता रहा। अपने कभी न समाप्त होने वाले वैभव के साथ, कभी कहानी, कभी लघु उपन्यास, कभी कविता में।

किंतु अभी एक तीसरा जन्म और बाकी था शब्दों का मुझमें, और मेरा शब्दों में। स्वदेश लौटकर, संस्कृत के मंत्रों और साहित्य के पठन से फिर सींची गई भीतर की संवेदनाएं, संस्कार की ओप में ठोस और गहरी होती अपने पर ही अपनी पकड़; एक जिद की हद तक आत्म-विश्वास, अपनी निष्ठा और एकनिष्ठ कवि होने का दुस्साहस, दिन-दिन दिगम्बर, दिन-दिन तिरोहित होता अहं, दर्प की जगह लेती विनय, प्रार्थना या आस्था में जुड़ते से दो हाथ; और किसी ज्योतिर्लिंग सा जलता अपने भीतर शब्दों का एक चमत्कार जो उकेरता है दिनोंदिन कितने रूप, मिलाता रहता है कितने रंग।

चाहती तो हूँ कि कुछ न कहूँ, पर यदि कहना ही है तो कहती हूँ कि अपनी गिरफ्त में सांस की अंतिम प्रक्रिया तक मुझको जकड़ता, कविता का मुझसे यही है अब एकमात्र सम्बन्ध। इस सम्बन्ध की छाप मेरे पूरे चेतन और अवचेतन पर गोदनों-सी गुदी है। हर कविता निर्मलता देती है और बार-बार इसी बोध की पुष्टि करती है कि लिखना मेरा स्वयं से ही एक संवाद है। अपने को कल्पना और स्मृति, दोनों में खोजने, खोजते रहने की यात्रा है। एक निरंतर परिष्कार है, अनुभूति और संवेदना के मिश्रण और माध्यम से अपनी अन्तस चेतना का। कविता या लेखन मेरे लिए कुछ पाने का उपक्रम न है, न होगा। लिखकर मुझे जो मिलता है उसके पश्चात पाने को रहता भी क्या है।

मुझे इस बात से इनकार नहीं कि यह सब न भी होता। और जो होता वह ठीक इसके विपरीत होता, जिसके कारण अन्य सफल और समर्थ कवियों की तरह मुझे भी मिल जाता एक हजूम, एक नारा, एक बना-बनाया मुहावरा, एक जाने-पहचाने वलय की सुरक्षा। और तब मैं उन्हीं की तरह, मात्र एक मुद्रा में ढल, चेलों से घिरी; या चेला हो नये भक्तों से घिरी; या भक्त हो अन्धभाव से घिरी, कविता के राजपथ पर चलती रहती तालियों की गड़गड़ाहट, हार और पुरस्कारों की राशि से तरबतर।

वैसा नहीं हुआ। यह मेरे प्रभु की माया है कि मात्र कविता में मुझको बिरमाया है।

2

फिर भी कविता को लेकर झगड़े कवियों के हो सकते हैं—होते भी हैं। कविता क्या है यह तो स्वयं कविता ही बतलाती है जब वह 'आती' है—कभी केवल शब्द-मधु हो, कभी केवल लय और कभी कोई बात तीर-सी। इन सब से हर कविता अपना नया अनुपात निर्धारित तो करती है किन्तु उसके बाद भी अपने 'कविता होने' का पूरा रहस्य नहीं

खोलती। इसी में उसकी मंत्र शक्ति निहित है, क्योंकि कविता अपने ही विग्रहों का योग ऐसे ही नहीं होती जैसे सत्य के छः रूप सम्पूर्ण सत्य नहीं होते। सातवां जो अनिर्वच है—शब्दों में बांधा नहीं जाता, कहने से रह जाता है—उसका बोध ही सम्भवतः कविता है।

कवि कविता में क्या खोजता है, क्या पाता है, किस को, क्या, और कैसे कहता है, इतने सब और ऐसे ही अन्य प्रश्नों से घिरा यदि वह भौचक्का हो जाए तो विस्मय नहीं। इन प्रश्नों के उत्तर उसके पास दो टूक और बंधे बंधाए हों यह जरूरी नहीं। ये उत्तर कवि के चेतन, अवचेतन या अचेतन में कहीं भी हो सकते हैं और इतने भर से कविता का काम चल जाता है। वह कवि के स्यानपन में उतना नहीं पनपती जितना उसके कौतुक और आनन्द में; इसीलिए कविता सदैव एक सम्भावना है—एक ही जन्म में कवि के कई-कई भाषा-जन्म की। शायद इसीलिए जीवन के प्रति अपार कौतुक से वंचित कवि एक सीधी और सपाट सम्पन्नता से ही मण्डित होता है जिसके कभी न कभी चुक जाने का खतरा तो रहता ही है। इसके विपरीत नित नए कौतुक से ओत-प्रोत संवेदना के रहते भाषा अनगिन परकाया प्रवेश सम्भावित करवाने की अपनी क्षमता के आगे कवि को झुकाती चली जाती है। इसी झुकने में वह रस, वह स्वाद है जिसे पाने पर कवि अपनी ही भीतरी विनम्रता से कभी मुक्त नहीं होता—यही उसकी स्थायी पूंजी है—शिशुवत होते चले जाना।

केवल दावे, दलील, खीज, आक्रोश, बने बनाए चौखटे, समझी-सुलझाई और जानबूझकर अपनाई कवि-मुद्रा से उपजी या उपार्जित कविता चौंकाती और चमत्कृत करती है। पर शायद उस आलोक तक पहुंचने से पहले ही क्षीण हो सकती है जिस आलोक के बिना कवि सृजन की अखण्ड ऊर्जा को नहीं प्राप्त करता। बीच में ही छोड़ दिए जाने की इस अकुलाहट में वह अपनी कविता को ही दर्प की तरह ओढ़ता चला जा सकता है। स्वयं की ही बनाई सीमाओं के अतिक्रमण के उत्साह से वंचित कविता-समय को एक एमिली डिकिन्सन, एक जॉन हापकिन्स की प्रतीक्षा तो रहती ही है जो अपने जीवन में अजाने रह जाने के आतंक के बाद भी कविता की नई दिशायें खोलते चले जाते हैं। अपने देश की हर भाषा में जाने कितने कवि हैं जो हतप्रभ भले ही हो जाएं किन्तु कविता में उनका अपार विस्मय अपना ही रहता है। वे अपने उस भीतरी एकांत को खोज ही लेते हैं जिसे कविता की निर्मम ओप में अकेले ही खोजना होता है।

कविता में मेरा यह अकेलापन मेरी सबसे निजी और अर्जित पूंजी है।

यहीं कहीं पर

(1998-1995)

खंड-1

गंगा तट देखा

(1997-98)

लौटेंगे केदारनाथ सिंह

जमीन पक रही है कहीं
(दक्षिणापुरम में नहीं)
दौड़ रहे हैं उस पर
अपना नन्हा गुलाब भींचे
मुट्ठी में केदारनाथ सिंह

भूले नहीं हैं वे
अपना जनपद,
मौसम की भूलें भी
सब याद उन्हें हैं—
भले परेशान हों कितना ही
कि याद नहीं रहते
नाम पक्षियों के जब तब
उन्हें मालूम है फिर भी
कि तमाम सीढ़ियों की ऊँचाई के बाद
पहुंचता है जहां आदमी
वहाँ कोई नहीं रहता

रंग बदलेंगे जरूर
जैसे रंग बदल रही हैं
आस-पास की लगातार चीजें
और लिखेंगे एक नयी भाषा में
प्रिय पाठक को फिर चिट्ठी

अपनी सारी प्रश्नाकुलता का
उत्तर हो स्वयं, लौटेंगे केदारनाथ सिंह

□ 19.12.97

पुराना सेशन-हाउस करनाल

मैं बहुत देर से ढूँढ रही थी उसे
वह वहाँ नहीं था—न गेट, न बंगला
न बंगले के चारों ओर की गहरी रहस्यमयता

थीं दीवारें, कुछ ताले
दफ्तरों के छोटे-बड़े बोर्ड
अक्षरों में लाल-नीले-काले

मैं बार-बार लौट कर आई
जहाँ मुझे विश्वास था उसके होने का
मैं भूली नहीं थी सड़क स्कूलवाली
और गगन तक उचकता वह वृक्ष
जिसके पत्तों में कच्ची सौंफ की मादकता थी
याद था मुझे वह प्राचीन आम
वक्र गहराई में अक्सर जिसके
सो ही जाती थी। अभी बाकी है उसके
किसलय का स्वाद जीभ पर
और नाक में बौर गंध नई—
अकेला कहाँ वह—पूरी अमराई थी

रोका न होता बड़ों ने यदि
कि खाकर आक, धतूरा या कनेर के बीज
मर जाऊंगी तो बता देती मैं
उनके भी अलग-अलग रस, जीभ पर

फिलहाल मैं परेशान थी

किसी को मुझ पर तरस आया
और एक बूढ़े माली को कहीं से
लिवा लाया
अभी मैंने आधी ही कही थी
कि वह कुछ उछला सा
'वो, उधर', वह बोला,
जिधर उसके हाथ की दिशा थी
वहाँ पचासेक घरों का झुरमुटा था—
अपने नामपट्ट से सज्जित, पीडब्लूडी कालोनी
"पर बाबा..."
"अब तो बस यही है, मालिक.."

"और वे पेड़ ? कोई तो बचा होगा..."

"नाही, हजूर ..एक भी नाही..."

कितनी अद्भुत बात है, केदारनाथ सिंह,
कि एक बार उगने के बाद वृक्ष
उगा ही रहता है याददाश्त के ठीक बीचोबीच
□ 2.1.98

बाबत उस औरत के

अक्सर उस औरत के बारे में सोचती हूँ
जिसका जवान पति
हमारी कालोनी की पुलिया पर
बैठा रहता है लगभग दिन भर
नशीली दवाओं का सेवन कर
घुल रहा है पाँच-सौ-पचपन
टिकिया सा। गाल धस गये हैं
उसके बदहवास चेहरे में

देखता रहता है चुपचाप सड़क पर
हड़बड़ वाहन, आता-जाता
यदि आप कभी उससे बोले तो
होठों पर उंगली रख "चुप" कहता

सोचती हूँ उस औरत के बारे में
जो काम पर जाती है किसी दफ्तर,
पालती है दो बड़े हो रहे बच्चे,
रोती है कभी कभार आस पड़ोस में
बैठकर

क्या इसके मरने पर—और जियेगा
तो यह क्या ही बहुत साल—
वह मुक्त हो जायेगी आखिर ?

तुम्हारा क्या ख्याल है
प्रिय पाठक, इस बाबत ?

क्या कभी-कभी बुला लेगी वह
सहकर्मियों को चाय पर
हंसेगी बच्चों संग शाम को,
सपने लेगी शहर के सीमांत पर
एक छोटे निजी फ्लैट का,
संक्षेप में—जियेगी
एक औरत की तरह
मामूली जीवन

या ऐसा नहीं होगा,
रोयेगी वह पहले से ज्यादा,
फाड़ बुक्का ?
□ 3.1.98

एक दीवार थी

एक दीवार थी,
अंधेरिया मोड़ के
मोड़ पर

समय की तहरीर अभी उस पे
बाकी थी, बेहतरीन खुदाई भी

खुले खजाने-सी थी वह
जाने कैसे
उठाईगीरों से बच गई
पहुंची नहीं
अमरीका या ईरान
अलभ्य वस्तुओं के हरम में

मेरा यह रोज-रोज सोचना
क्या भावी की सूचना थी ?

कल रात से नहीं है वह, वहाँ
है तवारीख के पन्ने पर
बूंद एक और
रोशनाई की

□ 2.1.98

सुना था बचपन में

अंग्रेज आए थे,
सुना था बचपन में, और सुन सुन कर
पक गए थे कान कि वे
नोच ले गए दीवारों से वेशकीमती रत्न,
कलाकृतियाँ किलों से

अँगूठे कटवा दिये मलमली
उन्होंने हमारे जुलाहों के
कहा जाहिल हमें, लिखा हमारा पिछड़ापन
अपनी भाषा में,
और पढ़वाई हमसे हमारी फूहड़ता
हमारे मदरसों में

वे अंग्रेज थे। ये सब कर सकते थे
इसके अतिरिक्त करने आये भी क्या थे—
इतनी दूर अपनी बर्फ सी गोरी दुनिया से,
मच्छरों और महामारी के देश में

लेकिन जब लूटते हैं हम दिन दहाड़े
ऊर्जा ही देश की, निर्यात या निष्कासित करते हैं 'ब्रेन' भी,
छोड़ते हैं हिकारत से, बूढ़ी माँ और बाबा सा,
जड़ अपने मूल की,
तो विस्मय क्यों हो गये यदि
एक बर्बर आंत हम,
एक गिरती हवेली

उनके घरों में तो हमारी आज भी
शान से सजी है प्राचीनता,
आज भी आते हैं वे आदर से
लिवा ले जाने
हमारे ठाकुर और देवता,
बेचते हैं हम जिन्हें
अपने ही हाथों तोड़-ग्रीवा

□ 8.2.98

कलम

यहीं से जायेगा रास्ता
यहीं से बंटेगी सड़क,
कटेगी,
उम्र की टुकड़े फसल,
तापेंगे हाथ
स्वप्न, आक्रोश और
संकल्प

यहीं बिछेगी शतरंज
जमेंगे खिलाड़ी
खेल होगा
दिल्ली, अवध या झाँसी
क्रीं क्रीं सुनेगी यहीं
कौओं संग गिद्ध की—
जायेंगी अन्तिम
कंधा-सवारी

यहीं-कहीं पे, देखना तुम

होगी कलम
कल व्यास की
☐ 1.2.98

पात्र

कटीली झाड़ी के पीछे या
दीवार पर अन्य पौधों की पत्तियों पर रुके
पारिजात के फूल
बीनने आता है वह आजकल

हमारे घर के साथ वाले घर
झुकता है धरती तक
बैठता है उँकडूँ
अपनी अस्सी वर्ष की वय के बावजूद
नकारता है
हड्डियों का कट्टर विरोध

पहुंचता है उसका हाथ बच्चे सा
उठाता है चुनचुन कर उनको
प्रफुल्ल और ताजा हैं जो
रखता है
ऐसे ही जैसे मैं या आप
अपने-अपने धन को

मेरे घर में केवल एक आध
सफेद फूल हैं इन दिनों
मोतिया के गमलों में,
शायद पीछे वाली चमेली में भी

चाहती हूँ उठूँ और उन्हें लाकर
इसको दूँ—
इसकी ही आकुल कोरक से
अर्पित हों वे
इसी के प्रभु चरणों में

मेरे सोच और संकोच के मध्य से होता
चला जाता है
मेरे शहरी मन की इस इच्छा से
सर्वथा उदासीन
किसी दूसरे घर के सामने
बीनने,
जाने कितनी अन्य

फुलवा बीननहारियों सा,
पात्र वह
साहित्यिक कृतियों के पन्नों में
□ 3.9.97

पचपन बरस

पचपन बरस से ऐसे ही
आ जा रही हैं चिड़िया चहकती
उसके सवेरों में

जब वह स्वयं चिड़िया से
कुछ अधिक बड़ी नहीं थी
आँखें फाड़े देखा करती थी
उनके उत्पात

उनकी निर्भीक उड़ान
उनका अपने से अलग विधान

धीरे धीरे वह वज़नी होती गई
और चिड़िया हल्की
आने लगीं वे और भी तेजी से
जाने लगीं फुर्र-फुर्र से

उसने जाना उसके तलवों के नीचे
मिट्टी कितनी दलदली थी—
या पक्की लेई सी

उसने जाना वह उड़ नहीं सकती
कमरे के बाहर तो क्या
अपने भीतर तक—
बावजूद इसके कि अक्सर

डैने उगे देखे थे उसने कंधों पर अपने
और पंख छोटे
जब-जब पढ़ी मर्म बींधती कोई
प्रेम-कहानी

उसके पंख फड़फड़ाते रहे वर्षों
उसके सपनों में
गहरी रात में छत की मुंडेर पर
जमी रही वह हिमखण्ड सी
भीतर कहीं इस प्रतीक्षा में आकुल
कि चिड़िया
जरूर सवेरे आ जायेंगी
लौटाने उसका विश्वास
कि आकाश
वहीं का वहीं है
और वृक्षों की पुष्ट भुजायें
खुली हैं हवा के लिये

कि पचपन बरस में
क़ई बार—नहीं, कई-कई बार,
मर कर भी मरती नहीं चिड़िया
क्योंकि
बहेलियों के जाल
छर्रों की बौछार, और
पिंजरों की गुमनामी के बाद भी

लौटना होता है उन्हें यकीनन
घर के छज्जों, खिड़की
और बंद दालानों में

☐ 17.12.97

अंधेरे में बुद्ध पढ़कर

एक लड़की—
लौटना चाहती है वो,
एक लड़की—
कभी नहीं लौटेगी जो

काया से बाहर
निकलते रहेंगे बुद्ध
भिक्षुणियों के मुँह
मंत्र

टंगी रहेगी फ्राक
हेंगर में,
चले जायेंगे जूते,
कहीं रात में,
कापी में लिखे रहेंगे
अटपटाए अक्षर :
'मीरा घर चल'

एक दिन
मछली भूल जायेगी पानी
चिर कर ही बाहर निकलेगी
अँगूठी, ऋषिकन्या की

नींद की गोली
और गुम प्रेम में,
सो जायेगी लड़की

बनी रहने को

कागज पर
बहुत बाद तक
☐ 16.2.98

शिवा

वह जली
जलती गई
बार बार हर नाम में,

अंग-अंग गिरती गई
खंड-खंड
हर काल में

काँधे नहीं,
चलती चली
अपनी गति, प्रवाल में

होने शिवा,
होते कभी जो
शिव कहीं भी
सामने !

☐ 21.1.98

प्रेम में कवि

वे बोलने लगे हैं
एक सी ही भाषा
वे रख आए हैं
एक दूसरे के घर अपना प्रेम
वे चिर गये हैं
बीचों बीच—
मौसम सा

कोई पी गया है
उनके भीतर

सारा पानी
ले गया उनके खिलौने, कहानी

रहती है तलछट में
केवल एक मछली—
कुलबुल करती ।
□ 14.2.98

साहित्य का रुदन-काल

बहुत दिन बाद आज
सुनाई दी रात की आवाज
घास में लगातार
बजबजाता झींगुर दल
पत्ता नहीं हिलता किसी भी पेड़ का
एक भी पर
यों कल ही देखे मैंने
काँस के फूल सड़क में दोनों ओर
याद आया कालिदास का
शरद-वर्णन

ऋतुएं क्यों गुजर जाती हैं मेरे शहर में
अलक्षित ? किसी भी कवि की
लेखनी से झरती नहीं ?
बूंद-बूंद रीत जाता है सावन
चढ़ती नहीं शब्दों की पेंग, कविता
थिरक कर इक्का-दुक्का पार्क में
गर्दन लटका लेता है केकी,
खिल-खिलकर प्रदूषित चौराहों पर
चुपचाप विदा होता है फूल
वृंत से

झड़ जाते हैं गेरू और केसर हो-हो
वृक्षों के हेमंत पर्ण, खाली कागज रह जाता है मेज पर
बिन लिखा,
उंगली की पोरों पर एहसास रेत का
अपनी ही आँखों के अंधकूप में
सूरदास कहता है रोता,
जन समाज की व्यथा-कथा
□ 2.9.97

गाथा

उसे बनाने वाले,
और बनवाया जिसने
लेटे हैं धरती के
जाने कितने नीचे

लेकिन वह खड़ा हुआ है
कई सौ बरसों से वैसे
पिछली बरसात गुम्बद पर
जड़ पकड़ गई दो जंगली बेलें,
और एक पीपल भी

यही सब फैलकर सहायक होंगे
अब उसके और अधिक खण्डराने में
तो भी सौ बरस तो लगेंगे ही, गिरते-गिरते घुटनों के बल
तब तक—
तस्करी का माल गड़ता रहेगा पेट में,
तांत्रिक आते रहेंगे शाम को अलख जगाने

और तरुण-युगल कालेज से चोरी-छिप्पे दोपहर में

कुछ लफंगे

बोलियां कसते पीछे

हवा ढलती रहेगी
एक निरंतर गाथा में,
सोए रहेंगे बेखौफ
पक्षी सब छिद्रों में
□ 26.9.97

जीवो जीवस्य भोजनम्

उसकी नग्न भुजाओं पर
हरे रंग के कचिया तोते
जिन्होंने अभी-अभी उड़ना सीखा है
रहते हैं सारा दिन आते-जाते
और गिलहरी, कौवे, गौरय्या
जानी पहचानी कई तरह की भूरी चिड़ियां

गौरय्या झपटती गिलहरी पर
कौवे मिलकर गौरय्या पर
खतरे के अंदेशे से
उड़ जाता है तोतों का पूरा दल

चींचीं करती वापिस आ जातीं चिड़ियां
वृक्ष के छाल छिले तन पर
चुगने कीड़ों का भोजन,
दीमक भी करती जड़ से लेकर
ठूंठ ठूंठ तक एक व्यस्त सी कलमकारी

सूख गया है वृक्ष विशाल यह
फिर भी उस पर अंतहीन यह
कोलाहल और मंचन

कहता है—
जीवो जीवस्य भोजनम्
□ 8.7.97

मिलवॉकी

यहां कभी थे उनके डेरे
उत्सव अग्नि के चारों ओर
रंग बिरंगे वस्त्र
सर पर पंखों के ताज

कभी यहां हुई
उनकी सामूहिक हत्या
गोलियों ने उगली आग
जले घर
गिद्धों ने अन्त्येष्टि की
बचे खुचे शव की

कभी यहां इतिहास दोगला
बदल गया अपनी पटरी
बाकी रह गया नाम प्रांत का
उनकी 'इण्डियन' बोली में
मिलवॉकी—संगम
जिस थल पानी

सैलानियों से भरी इस बस के
अर्थहीन शोर के बाद भी
सुनाई दी अभी चीख मिली जुली
महिलाओं और बच्चों की
दुर्गन्ध बारूद की आई कहीं से,
फहराता दिखा वृक्ष की ओट

परचम, दुर्दम्य साहस का
धज्जी-धज्जी, फिर भी ।

☐ 20.7.97

पार्क में : १

चार बजते ही
प्रगट होते हैं वे,
पीठ पर बंधे बस्तों को घरों में फेंक,
सिर पर लटकी
होमवर्क की तलवारों से बच

छोटे बड़े—
बारह से लेकर सोलह-सत्रह तक
'नार्थ-स्टार' या 'रीबोक' की
लेसें कसे, लड़के

भागते हैं गेंद को बल्ले से मार
या बल्ले से गेंद को, पक्षियों से फड़फड़ाते
एक आदिम ऊर्जा में सामूहिक,
चीखते पूरे वक्ष-बल से

ऐनक भी रखते हैं
वृक्ष के नीचे,
पृष्ठों पर रेंगती
वर्णमाला की चींटियों से
भयमुक्त
फिलहाल—
जब तक हैं वे, कालोनी के
पार्क में ।

☐ 13.11.97

पार्क में : २

जवान लड़कियाँ चलती हैं
बहुत तेजी से
सुबह सुबह पार्क में
उन्हें होम करना है वज़न
किलो दो किलो,
जीवन के संग्राम में

अधेड़ महिलाएँ चलती हैं
एक संग दो,
घर गृहस्थी की समस्याओं पर
गहरा विमर्ष करतीं

बच्चे अक्सर नहीं चलते
किसी भी सुबह पार्क में,
उन्हें विचरना होता है
बहुत देर तक वापिस
टीवी के सपनीले लोक में

केवल बूढ़े चलते हैं
कदम-कदम चलने की प्रक्रिया में
पूरी तरह लीन। वे सुमरते हैं
कोई मंत्र या चौपाई
ढूँढ़ते हैं राम या नाम में
अपनी कोई जगह,
भूलना चाहते हैं
बहू बेटों से बहू बेटों का
आए दिन टंटा

वे याद नहीं करते
बीते दिनों की धुंधली बातें,

अखबार भी पढ़ते हैं बूढ़े
बहुत बाद में
देवगौड़ा या इन्द्रगुजराल के मंसूबे
उन्हें उत्साहित नहीं करते

पार्क से लौट रहे बूढ़े
सोचते हैं एक ही बात :
क्या निकल जाएगा यह दिन
एक और ? क्या चलूँगा आकर
कल फिर मैं इस पार्क में ?

□ 13.6.97

पार्क में : ३

वे निकली होंगी
सैर के बहाने
या शाम की चाय-पकौड़ी के बाद
कुछ देर चूल्हे की
जहमत से बचने

वे तीनों बैठी हैं
पार्क की बेंच पर
सर्दी के जल्दी घिर आये
धुंधलके में

उनके पास से गुजरते
सुनाई दे जाता है कोई न कोई
वाक्यांश
उनकी अपनी-अपनी कथा का—
गृहकलह का,

शायद ये कथाएं
अलग नहीं, एक ही हैं
हम सब के दंश-पुराण का हिस्सा

याद आता है कहा किसी का :
बदलता नहीं कुछ कभी
बदलती है बस स्थिति, समय
और नाम, पात्र का

सहसा—
एक छोटा लड़का
छूता है उन तीनों के पैर
पास खड़ी उसकी माँ
पूछ रही है : कैसी हो
आंटी जी ?

बरसते हैं एक साथ
चकित आशीर्वाद
सुखी रहो...जीते रहो
सब्जी लेने गये थे
क्या... ?

और उनके जाते ही
एक लम्बी समवेत उसांस :
"यह भी तो बहू है, भई,
किसी की-
सिखाई है बच्चे को तमीज़
छोटे-बड़ों की । आजकल तो अपने भी
अपनों के
पाँव नहीं पड़ते..."

"पाँव !

राम का नाम लो जी,
बात नहीं करते।"

☐ 7.11.97

पार्क में : ४

इतनी तेज हवा है
सुबह सुबह—
स्थिर नहीं कहीं कुछ,
पार्क में माली
जला रहा है पत्तों संग
परसों काटी गई घास की ढेरी,
कामचोरी तो है ही यह
शायद गैर-कानूनी भी—
घर भर गया है गंध से
धुँए ने ढाँपा है
वृक्षों को आँचल से

काँव-काँव करते कौवे
उतने ही बेकल हैं,
जितना क़विता से
टकरा रहा कवि।
शब्दों की गठरी खुलती है
समेट लेने को पृथ्वी
खो जाती है खट् से
सिक्के सी

फिलहाल—
डायरी में एक नम्बर नहीं मिलता,
मिलने पर फोन नहीं बजता
बजता है महानगर टेलीफोन का स्वरांकित संदेशा :

"नमस्कार . ."
किसके स्वर को ? किस के स्वर का ?
डूब गया है
दिन आज फिर
घड़ी की तीन सरकती सुईयों का
सुर-ताल नहीं मिलता
□ 30.9.97

पगडंडी

कुत्ते को घुमाने लाये
इस सेवक के अतिरिक्त
कोई नहीं सड़क पर

सीटी है चौकीदार की
दूर, कहती—
'सो सकते हो सब
नींद चैन की, मैं हूँ न, बतौर
रक्षक'

ग्यारह बजे हर रात
आने वाले जम्बो जेट
आने लगे हैं सिलसिलेवार
छतों पर

और वह
जो जागती है अक्सर

चलती है पगडंडी पर
बचपन की
पाँव एक बाहर
एक अंदर रखती

डरती है क्यों ? इतना ?
आत्मदलन या भय है
नहीं जानती

माथे में बजती है रात—
जाग रही वह
सीटी सी

□ 14.2.98

पर्दा गिरता है

घर में एक केंचुआ
जूते से आधा
पिस गया
सड़क पर एक स्कूटर
खील-खील था

इन दोनों में
क्या फर्क था ?

आयेगा जूता,
आयेगा ट्रक,

सनसनायेगा मन
झनझनायेगा दिन

झाड़ू से घर
पुलिस से सड़क

पर्दा गिरता है-
दृश्य बदल जायेगा

□ 3.1.98

लछमी

वह चीजों को दर्पण हो
परखती थी
और साफ-साफ बोलती थी

मैंने उसे टोका, "लछमी,
यह शहर है"
उसने शहर को दी एक भरकम
गाली

उसे अच्छा नहीं लगता था
बच्चे कमरे में अंदर हों
और माँ बाहर, बंद दरवाजा
खटकाए :
"बेटा सुन, दस बजने को हैं"
बेटा चिल्ला कर बोले :
"मॉम, डोंट डिस्टर्ब, प्लीज..."

वह हाथ झमकती,
"ऐसों के तो कान-उखेड़ के
हाथ में दे दे...अजब चलन हैं शहरों के"
मैं कहती..."शी sss...सुन लेगा,
देर से सोया होगा। पढ़ने के दिन हैं..."

"बिना पढ़े कलक्टर हैं जो
पढ़कर क्या इन्दिरा गांधी होंगे !"

उसे अच्छा नहीं लगता था
बहू का 'सूंड उठाकर' फिरना

कार के जाते ही कहती,
"गई मटरगश्ती को मल्लो,

अब चूल्हे पे सासू बैठे"

धीरे-धीरे लछमी को
मैं ही दोषी दिखी :
"डरती हो,
चुप रहती हो
ये कोई लच्छन हैं माँ के...?"

दशहरे पर घर गई तो
लौटी नहीं
आखिर मैंने पत्र भिजवाया
"लौटो भई जल्दी..."

उत्तर में कतरन मिली अखबार की
सार था : बस में गुण्डे छेड़ रहे थे
किसी नई ब्याहता को
लछमी से रहा नहीं गया ।
भिड़ गई उनसे । मार-मार कर
उन सबने तोड़ दिया टांगों को ।

कोई गाँव का
उठा नहीं मदद को
□

एक शाम

मार मार मार
चीखता है कोई
मैदान के उस पार
दो तीन चार
हाथ एक साथ

चाकू ? छुरी ?
पिस्तौल—
लेकिन उतना खून
उतना ही रंग लाल

□ 18.10.97

आँखों देखी

भीड़ भरी लाल किले की
एस्पलेनेड रोड पर
पड़ी हुई थी वह
खुले हुए मुँह में भिनभिन
मक्खियाँ आती-जातीं

अच्छा है तुमने नहीं देखा।
देखा सभी ने निकल गये
जल्दी से। कर अनदेखा

गौर वर्ण की भारी भरकम
कपड़े भी ठीक ठाक थे
जाने किसकी माँ थी
जाने किसकी घरवाली
जाने क्यों लावारिस यों
बीच सड़क के
आन मरी

आयेगी कारपोरेशन की गाड़ी
या शायद पहले पुलिस ही
जो भी आये—
ले जायेगी।

□ 17.12.97

एक कमजोर समय में

एक कमजोर समय में
कमजोर कवियों से घिरी
वह पढ़ती है
लकीरें अपने हाथ की।
सिर झुकाए रखने में
बहुत सहायक होता है
अपने हाथों को
तल्लीनता से देखना

एक मरुस्थल लम्बा चौड़ा
होती हैं लकीरें—
आप चाहें तो भी
सम्भव नहीं होगा उन्हें
सीढ़ी कर लेना

फिर भी—
थामे रह सकती हैं वे आपको यदि
देखें उनमें, देखती है जैसे वह,
एक अंनत आँधी
रेत की

□ 16.2.98

निर्लज्ज

"पच्चीस वर्ष पहले
कविता में," वह बोला,
"चिड़िया ही चिड़िया थी
या थी माँ बस—
भले किसी की

हमने खारिज़ कर दी दोनों
लिखनी है कविता यदि
तुम लिखो और तरह की—
नये प्रतिमानों से
'टफ' और 'टर्स' "

चींची करती
चिड़िया अब तक—
(निर्लज्ज !)
कुबड़ाई माँ ममता से

आँख बचाई, निकल गया कवि
बिन बोले, "सॉरी," दोनों से
□ 13.2.98

दंगल में

एक आवाज थी
उसके पास
लेकर निकली जंगल में
जैसे कोटर से
निकलें शावक,
मारुत से पत्ते,
रंग फूलों के
तितली में

एक आवाज थी उसके पास
फंस गई गले में

आवाजों के दंगल में
धकियाते लोगों में
जांघों पर हथ्थड़ में

एक आवाज थी उसके पास
गूँगे कुछ मंत्रों में

☐ 14.2.98

बिसात

सिर किसका,
धड़ किसका है
कौन खड़ा
दर किसका है

तुम क्यों पूछ रहे हो ?

चौपड़ की गोटों को
चौपड़ पर गिरना है
बिछी बिसात पर पल-पल
पांसा ही फिकना है

फिर ढूंढो कोई रस्ता
अलग-थलग
जंगल का

चलो फकीरा
चलना है।

☐ 2.11.97

नहीं भूलना

यह जंगल है इसमें चलते
मिल जाये यदि
थोड़ा सा—

झरबेरी के बेर,
या बेल,
पकी कचरी की

ले लेना
पाथेय कर, माथ छुआ
नहीं भूलना, बंधु

यह दौर बहुत
भूखा था
□ 19.12.97

मिलते ही कहते थे

कितने उत्सुक रहते थे
मिलते ही कहते थे—
क्या नया लिखा ?
क्या नया पढ़ा ?

पुस्तक एक निमन्त्रण थी
बंट जाते थे उसके
सुख और दुख में पूरा
औरों के कल्पित जीवन को
अपना सा जीते थे

अब वैसा कौतुक कहाँ गया ?
कभी उमग कर नहीं कहा—
क्या नया लिखा ?
क्या नया पढ़ा ?
□ 22.6.97

दुष्यन्त

"एक दाँव हारे हैं
एक जीत जायेंगे
जीवन के कै दिन हैं
अभी बीत जायेंगे"

कहा उसने
मृत्यु से हार
और जीत
जीवन से

रह गये पृष्ठों पर
शब्द, धड़कते
हँसी में अनार
किसी की छलकते

पराजित था
लज्जित नहीं वो
खोजनी थी राह उसको
खुद राह था जो

नाम ऐसों के
सभी तो भूल जायेंगे
जीवन के कै दिन हैं
अभी बीत जायेंगे

□ 1.11.97

सरसों का बीज

वह बार बार उठाती है
कागज

रखती है नीचे,
कलम ऊपर उसके

आज रात भर
लिखा नहीं जाएगा
एक भी अक्षर

घानी की पेर से
टपकेगी नहीं बूंद तेल की
जो पिस रहा है
सरसों का बीज नहीं

धीरे धीरे
बिल्ली की आँख सा
उभरेगा स्वप्न बुरा
जागेगी चौंक कर
माथे का स्वेद-कण
बना रहेगा
बिस्तर से मेज की
दूरी
दूर नहीं होगी

कितना भला लगेगा
कल उसको
बड़ी भोर की कोर कुहकता
पाखी पहला
☐ 22.9.97

चक्रवाल

हारती नहीं एक छोटी
चिड़िया तक,

गड़गड़ाहटों
यातायात, प्रदूषण
इमारतों की लगातार
नाकाबंदी से,
नृत्यरत होती है
सूरज से भी पहले
रचती है हाव भाव से,
चोंच स्पर्श से,

नभ को छूती है
पंखों के पंखे से
गाती है
छंद, छंद अविराम
समय के

हारेगा क्या केवल कवि ही
इतने से षड़यन्त्रों
जय घोषों के
चक्रवाल से ?
☐ 2.11.97

नदी, नदी में

अभी लौटा नहीं है शहर,
लौटी है वह शहर में
बहुत दिन बाद खोई है
खाली कमरे में—

दुष्यंत को जैसे
हैरानी हो अपने ही
नृप होने में

धीरे धीरे बजेंगी एक साथ कई घंटी—
घड़ी में अलार्म,
टेलीफोन और प्रवेश द्वार की

चीखेगी कार स्टार्ट होने से पहले
कोसेगी मेहरी,

लौटेगा दोस्त चाय के
अर्थहीन प्यालों में

छुप जायेगी नदी, नदी में,
रह जायेगा जंगल में जंगल,
तनुता मौसम की बस तन में
□ 17.2.97

समय नहीं था

मेहमान थे घर में
बाहर पुस्तक मेला
उससे पहले प्रवासी बेटा
उससे पहले कुछ—
उससे पहले और

समय नहीं था बीच में

हारिल उड़ने आ गया
लेकर तिनका चोंच में।
□ 16.2.98

नियति

उसने कभी कहानी सुनी थी
कहानी नहीं
आप बीती थी :

माँ ने बच्चे को तैयार किया
मुंह धोया कपड़े बदले
बिस्तर पर बिठलाया
बच्चा चीखा
वह चौके से पलटी
चुप करवाने स्तन उघाड़ा
चीख चीख कर तब तक
बच्चा अकड़ चुका था
नीले रंग में ढलकर
बिल्कुल चुप था

रहस्य खुला जब टोपा
जहरीले बिच्छू को लेकर
सर से उतरा

जाने कब-कब
याद आती है—
कथा नहीं नियति यह
किस-किस को खाती है

☐ 13.9.97

शताब्दी

शताब्दी नाम की इस गाड़ी में
समय से तेज दौड़ती
सोने और न सोने के बीच जागती

पुराने फिल्मी गानों के दलदल में हाँफती—
जो लगातार बजाए जा रहे हैं
पिछले चार घंटों से—

उकेरते या उधेड़ते
उन सम्बन्धों की टेक
जो सचमुच भूल चुके थे

वह छू कर चौंकती है
अपनी ही आँख के नीचे नमी
निश्चित यह आँसू नहीं होगी
रोने से चिढ़ है उसे खासी
और आँसू लायक है भी क्या—
आकाश गिरता है जब
गिर जाता है
रुकता नहीं हवा का
सिलसिला

फिलहाल
गाड़ी कानपुर पहुंचने वाली है—
उद्घोषक की कान में तीखी बोली है
आंखों को काले चशमे से ढांक ढांपकर
होठों पर लिपिस्टिक की परत चढ़ा
लखनऊ तक की दूरी उसको
घंटा भर में तय करनी है

□ 13.9.97

लगातार

लगातार लगातार लगातार...

कितने तारे कल कितने होंगे,

कितने दिन किस मौसम में

कितने पत्ते गिरे सड़क पे
हार पर हार पर हार

कैसे मनमार जिया जीने को
रुका नहीं चलता व्यापार
प्यार की परिभाषा :
एक शब्द बस प्यार

☐ 8.6.97

एड़ी

वह धंसा हुआ है बहुत दिनों से
टखने और एड़ी के
ठीक बीच, मांस में
वैसे तो चुपचाप पड़ा रहता है
पर भूल जाऊँ उसे तो
कम्बख्त बहुत चुभता है

अपने लिये बना लिया है
उसने अपना स्थान जैसे एक मकान
मेरे ही पैर में
सख्त और पुख्ता दीवार सी
काली हो गई है त्वचा की भित्ती
ज्यों नीम के नीचे
पिछले मौसम की सूखी गुठली
बारिश के पहले छींटे से
फूटेगा उसमें अंकुर

फूटेगा इसी तरह से यह काँटा भी क्या
लेकर मुझसे खाद और पानी

☐ 22.12.97

पुलक

बहुत दिन बाद देखा आज
एक तारा छोटा मंडराता
नजर बट्टू सा,
जाने पहचाने त्रिल सा,
बिगड़े बच्चे जिद्दी सा

बार बार देखा ऊपर—
हुई पुलक,
समझ नहीं आया क्यों,
होने से यों—
निकट चाँद के
तारा एक पिद्दी सा

☐ 1.3.98

अन्य-पुरुष

देह
नेह
गेह
पैसा
तेजस्विता

ले जायेगा
वेश बदल कर
योगी से, वह
आधुनिक प्रेमी का

रह जायेगा
केयूर गिरा
अँगूठी और

ढेर चीर का

भीतर गुठली
बाहर छिलका
☐ 17.2.98

वह आएगी

हवा की प्रतीक्षा केवल आप ही
नहीं कर रहे। वृक्ष भी
प्रतीक्षा कर रहे हैं हवा की

वह आएगी
ऐसा कभी नहीं हुआ कि वह
आए ही नहीं—
धैर्य ही कसौटी है
विश्वास की

विश्वास केवल आप ही नहीं कर रहे
सांस भी तो डोर है
विश्वास की

फिलहाल
आप
मैं
वृक्ष और वे
प्रतीक्षा कर रहे हैं

केवल
हवा की ?
☐ 4.9.97

गंगा तट देखा : १

हम ने गंगा के तट पर
पैरों को रेत में नहीं दाबा
बटोरे नहीं घोंघे, सीपी
बीना नहीं तिरक्काठ भी

हम ने केवल उस प्राचीन
पंचवृक्ष को देखा
जिसके पत्तों पर
मंत्र गुथे थे

हमने उस अतिवृद्धा को
तर्पण करते देखा
जिसका दूर दूर तक
कोई अपना न था

हमने जल का औघड़
निर्मम बहना देखा
आँसू और अस्थि का
जाना देखा

हमने एक दूसरे को
दूर दूर से
विस्मय में सपने सा देखा

हमने सच ही क्या
गंगा तट देखा
□ 5.9.97

गंगा तट : २

मेरे दिवास्वप्न में वे दोनों बैठे हैं
गंगा तट पर आस-पास
पैरों को दाबते रेत में
बच्चों सा बीनते शंख
सीपी, घोंघे और ड्रिफ्टवुड
ढूंढना होगा मुझे हिन्दी में ड्रिफ्टवुड का पर्याय
देखना होगा कोई
शब्द-कोष अपने आलस्य से ऊपर उठ
या पूछना होगा किसी से
पर किस से ?
अब तो कोई जानता नहीं नाम
पक्षियों तक के
वृक्षों में नीम, पीपल,
कीकर, आम और गुलमोहर के अतिरिक्त
ज्ञात है सबको बस नाम एक आध और
हाँ, वे दोनों बैठे हैं वहीं के वहीं
मेरे दिवास्वप्न में,
शायद इस विषयान्तर के समाप्त होने
और ड्रिफ्टवुड को तिरककाठ कहलाने की प्रतीक्षा में

मैं ही तय नहीं कर पा रही
कि दो व्यक्ति
पास-पास बैठे गंगा तट पर
क्या कहते हैं
या क्या हो सकता है उन पे
कह सकें जो (कहना-चाहें)
एक दूजे से ?

☐ 23.6.97

गंगा तट : ३

कितने आँसू तेरे उर में
कितनी अस्थि, कितना पानी ।
हे पावन, पुनीत सलिला,
राख ले गई कल तू मेरी माँ की
आंयेंगे लेकर फिर से, मेरे बेटे
कल या परसों तक मेरी भी

आज तुझे छू हाथों से
याद कर रही नाते—
मरणातीत विसर्जन के
भूले होंगे तुझको कैसे
लघुमानव हम दुखते

बैठी हूँ गंगा मैं तेरे
तट पर लाख भवों से

□ 25.6.97

भूल

पत्थर के फर्शों को
याद रहेगा, क्या
उसके पैरों का आकार ?

मेज को क्या
उसकी मुट्ठी का भार ?

दीवारों को याद रहेगी
उसकी सांसों की आर-जार ?

वह भूलती है पूछना

बात यही तो,
बार-बार
☐ 15.2.98

ख्याल

एक फूल सा खिलता है तेरा चेहरा
मेरी बंद आँखों में
ख्यालों में

एमस्टर्डम के हवाई अड्डे पर
बैठी होगी इस समय
अकेली,
बस आधी मेरी

पल-पल सरकती है पृथ्वी
बढ़ती दूरी
जाने कितनी ऋतुएं
जायेंगी यहाँ से वहाँ
आयेंगी चिट्ठी
टेलीफोन की कूकती
घंटी : कैसी हो ?
अपना ख्याल रखना, अम्मी

ख्याल सा झरती है
एक तार सी बजती है
सांस-दर-सांस, तू
☐ 10.12.97

ऊपर का घर

हवा साफ है
और धूप भी निचली मंजिल से

कुछ ज्यादा। किन्तु सन्नाटा
चुभता है तीर सा
ऊपर आते ही
आप कह देंगे
इस घर में कोई नहीं रहता

तुलसी का पौधा
उठा लिया गया है अपनी जगह से
उसके सूखने का भय था
रसोई के बर्तन
आवश्यकता से अधिक साफ हैं
और बिस्तर का एक भी तकिया
किसी दोपहर या सांझ की
कथा नहीं कहता

फिर भी यदा कदा
गलियारे में गूंजती
किसी आवाज पर कान लगाती है
स्वयं ही मुस्कुराती है

यकीनन इस घर से ज्यादा
वह कहीं नहीं रहती है।
□ 18.10.97

न आज, न कभी

माँ की छड़ी
खड़ी है उसके पास
तस्वीर के नीचे
माँ के होने नहीं होने को
रेखांकित करती

कभी-कभी छड़ी की मूठ पर
रखती हूँ हाथ
देर तक
ढूँढती हूँ उसका स्पर्श
उभरती है याद...
उसकी हंसी
कोई कही बात,
ऊपर के होंठ पर
पसीने की नमी
ठुड्डी के नीचे दो धृष्ट बाल
अब याद नहीं कि वह
याद आती है पूरी

पूरी माँ आखिर क्या होती है
यह भी नहीं पता
बचपन में थी वह
एक चक्रायमान पुंज ऊर्जा का
यहाँ से वहाँ बरजता-बरसता
अटल आदेश सा

और मरने से पहले
बहुत समय तक
बस ढूह एक रेत का
भुरभुराता—

मैंने किसी को मरते नहीं देखा
इतनी धीमे और लगातार
खँडहरों तक को नहीं

छड़ी खड़ी है
वैसी की वैसी
लकड़ी और पालिश में

चमचम करती
उसे बदलना नहीं है
अपनी ही तस्वीर में
न आज
न कभी

☐ 22.6.97

वसीयत

उस दण्ड को,
जिससे कोई नहीं बचता,
भोग कर वह जा चुकी है
हाथों को लाठी पर टेके
अपनी धनुषाकार हो चली टांगों को
ठेलते । ठेलते इतनी अवहेलनाएं
उदास दिन,
दूभर रात
अपनी ही बिछुड़ी आँत की
दारुण याद । टूटे नहीं—
तोड़े गए सम्बन्धों के
लाक्षागृह में
धूं धूं करती
मरने से पहले माँ क्या
बस एक वसीयत न थी

☐ 18.10.97

आये नहीं पलट के

कुछ दिन और बनी रहती
कुछ दिन और निकल जाते

मिल जुल के

पहुंचा पाई तुमको न मैं
जाना था जिस रस्ते
खड़ी रह गई खाली घर में
खड़े-खड़े भौंचक्के

जाने कौन सखा है,
क्या नाम तुम्हारा जाने,
जाने कैसी भयमारी तुम
चली गईं
गुप चुप से

खत्म हो गये यहाँ
सभी जो,
थे दस्तूर पुराने

त्योहारों के मौसम आँगन
आये नहीं पलट के
☐ 25.11.97

बंदिश

रोज एक हार गूंथ कर
पहनाती हूँ दीवार पर
तुम्हारी तस्वीर के
गले में

इन गुंथे हुए फूलों से
किस भ्रम की पुष्टि होती है
रोज-रोज ? कैसा लगता है
तुम्हें मेरे शब्दों से घिर जाना

कहना, इतने सरल प्रश्नों के
उत्तर क्यों नहीं होते ?
क्यों सीढ़ियों से
उतरते हैं मकान शनैः शनैः
गिरते नहीं धड़ाम् एक साथ
ऊपर से नीचे ?
☐ 14.12.97

सलवट

वह अन्दर से कितना डरी हुई थी
ऊपर से कहती रहती थी—
"अब दिन ही कितने हैं
संगवाने को यह मिट्टी"

मैं तब समझ नहीं पाई
उसका घबराना
बैठी नहीं पास में
लेकर गीता
छुट्टी भी कालेज से लेकर
नहीं बनाया
उसके मन भाता खाना,
पूछा नहीं कभी धीरे से
कोई इच्छा बाकी यदि उसकी

बस फोन पर झुँझलाती थी,
बातें क्यों करती हो
सदा मौत की

घबरा कर वह पहले से
और अधिक चुप हो जाती

यों हम सब के कृत्यों की
एक और कड़ी बंध जाती!

पर टलने को क्या था
जो टलता ही जाता
बात समझ आती है जब
वक्त चला जाता। चारों कांधे
बोझ उठाए
सलवट सी सिकुड़ी माँ का
□

खुश रहना

हरसिंगार झरता
दिन भर
एक-एक फूल कर
लगातार
मंथर

याद आता
आसीसना उसका,
हर दिन
तनिक तनिक सी बात पर
'लम्बी उम्र हो तेरी'.
'सुखी रहो'
'खुश रहना. . .'
□ 8.11.97

नाप

अपने को खोकर पाने की
लम्बी यात्रा में, लगातार

साथ तो हैं, ये सभी—

माँ की सुगन्ध
सूरज के पहले स्पर्श सी

दिन भर गुरु की वाणी
प्राणों में प्राण सी

पल-पल श्रम-स्वेद
पानी की पहचान सा,

साँझ ढले का आत्म-निरीक्षण
अवनि पर हाथ सा

और आँखें झिपने से पहले
ध्यान प्रभु का
मुक्ति की माँग सा

किरक कहीं किंतु कोई,
इच्छा ओछी,
अपने होने का मद,
या मान किसी से
बिना बात का

गड़े हुए हैं मीलों-मीलों
इन रस्तों के नाप सा
□ 9.11.97

कैलेन्डर

घर में कितनों को याद रहा—
पता नहीं।

किन्तु मैं
सचमुच ही भूल गई थी
चौंकी जब कहा किसी ने :
'पुण्य तिथि है
आज तुम्हारी माँ की'

चटचट टूटा कुछ
स्तब्ध सी सोच रही थी
चढ़ती ऐसे ही तो
धूल भूल की
ढकती सूत्र-सम्बन्ध सभी
ढलते जाते दिन
वलयित अपने से
उचक-उचक पंजों पे

मरने की कोई कैलेन्डर में
तिथि हो या न हो,
मरता है हर पल भीतर
बंधा हुआ है जो भी
जिस जिस मरने वाले से

थोड़े से ये फूल लिये,

छूती हूँ तस्वीर तुम्हारी
अपने माथे से
☐ 1.7.97

यह क्या था

फिर सपना देखा
सपने में उसको देखा

वैसी ही थी
काम काज में लीन
बीच बीच में
कुछ कहती सी

जाने क्यों भूल गई मैं
पूछूं, किस तारे में
रहती हो
कैसे आती जाती हो

सहसा सूरज सिर पर था,
खिड़की थी,
कमरा था
और भौंचक बिस्तर पर
सोच रही थी—
यह क्या था,
वह क्या था ?
□ 18.10.97

आकार

जब भी दिखाई देता है आकार
बिछोह का, पीड़ा का, हार का
घाव का
रंग में, शब्द में, संगीत में
बहता है पत्ता पानी में
टूटता है सूखी टहनी में
मरुथर की खामोशी में

होती तो होगी वह भी
साथ कहीं रस्ते में

बैठी तो न होगी माँ
बस अपनी तस्वीर में
□

शर्त

उसकी मृत्यु के साथ ही
समाप्त हो गई
जीवन से एक मुद्रा :
उदासी

क्योंकि मैंने काल को
पहचाना
और जाना कि उसके अमित शौर्य को
किसी भी जीते जागते
स्पन्दित क्षण की
बलि देकर के नहीं बढ़ाना

नहीं चढ़ाना नैवेद्य
उसके निष्करुण यम पैर पर
उदासी का एक फूल या
आत्मदया से पीड़ित पल

बस रखना है जब तक सम्भव
सूरज को हाथों पर
तारों को माथे पर
गरिमा को अन्त: उजास पर

जीना है जीने को
जीने की शर्तों पर
□ 22.6.97

खोखल

यदि याद मुझे होता उस पल
अपना ही फलसफा कि जब भी
मिलो जिससे ऐसे मिलो
कि ज्यों यह अंतिम भेंट बदी हो—

तो मैं शायद
कुछ कह लेती
सुन लेती
अनसुनी नहीं करती
अनुनय तेरी, "रुक तो जा"..

वायुयान अब भी आते-जाते हैं
धड़धड़ाते हर घंटे
अन्तरिक्ष में,
सड़कों पर दौड़ रही है
गाड़ी बदहवास उतनी मेरी
केवल मैं कहीं पहुंचती नहीं
न मेरी प्रतीक्षा में
बैठा रहता है तरह-तरह की
पोटल बांधे कोई

यह खोखल जो भीतर पैठ गई है
अब भरे कहाँ और किससे कोई
कह न, माँ—
दीवाली का पर्व शहर में

इस दीये में तेल तेरा
और तेरी बाती
□ 10.11.97

बच्चा नहीं जानता

बच्चा नहीं जानता
जो खेलते हैं "छिप-छिप"
"मैं छिप... तू ढूँढ मुझे"
वे ही दादा
रोते हैं क्यों
छिप-छिप

बच्चा नहीं जानता
जो कहते हैं उसको,
"बेटा, आजा, बेटा राजा"
उनको ही माँ कहती क्यों,
"एक मुसीबत...गले पड़े"

बच्चा नहीं जानता
जो आँखें जाग उठती हैं
बिजली के बल्बों सी
क्षण मात्र में देख उसे,
उनके भीतर उसके दादा,
रहते हैं क्यों
बुझे-बुझे

☐ 18.11.97

चुप्पी

जाने कितने किस्से थे बाबा की
सधी हुई चुप्पी में

जाने कितनी यादें माँ की
फटी-फटी आँखों में

कहने पर आते तो
गिरता कुछ अर्रा के

इसीलिये गीता में बाबा
चौपाई में अम्मा—
बैठ गये थे जाके
□

दिनचर्या

कुछ भी छोड़कर नहीं जातीं
खाली करती हैं भँडारा, माँएं,
केवल अनुपस्थिति से नहीं
फेंक दिये जाते हैं छोटे बड़े कनस्तर
कुबड़े काले,
आ जाते हैं पर्लपेट के 'जार' नये,
झाँकने लगते दाल मसालों के रंग,
बेसन आचार करीने से

फेंक दिया जाता है चरखा
काती जिस पर अपनी बूढ़ी
जटिल आस्था और आसीसों का
गझिन सिलसिला

उठ जाता है चुपके से पूजा का आला
घी और तेल से उफ ! कितना चिकनाया,
डिब्बे में बंद होते ठाकुर दीया
यहाँ वहाँ से फटा-पुराना गीता प्रेस
गोरखपुर का गुटका

लेता नहीं 'बर्तन वाला' उनके कपड़ों की गठरी,
ले जाती है मेहरी की

गर्भ से कुप्पा बेटी। "गू-मूत में, जी,
काम आयेगी..."

बिछती कमरे में मेज किताब की
उठ जाता खाट-खटोला
जूते पहने खट्-खट् करता
दोपहरी में टयूटर आता
कोने से लेकर तब खड़ाऊँ अपनी
रुख़सत होती हैं
रूहें भी उनकी

तो भी यह सच है,
रह जाती हैं माँएं यदि तो
रहती हैं, दूर किसी बेटी की,
दिनचर्या में, अपनी
□

तैयारी

बचेंगी नहीं
चली जायेंगी
एक-एक कर माँएं—
कभी मेरी
कभी तुम्हारी
बारी-बारी

एक भी नहीं
होंगी बाकी
जानी पहचानी,
रोयें चाहे लोट-लोट
या संग चलने की

कर लें तैयारी

जायेंगी ही-
जा चुकी हैं—
इनकी
उनकी
ठेठ अकेली
न लाठी ले,
न पोथी
न सुमिरनी

तो अब ?
किसकी किससे
तैयारी ?

जिनकी माँ *मैं*
उनको कैसे बतलाएं
जाती हैं—
जायेंगी माँएं

यह माँ होने की
और माँ खोने की
मार , दोहरी
☐ 19.2.98

ऐसे ही किसी दिन

ऐसे ही किसी दिन
लिखी होगी
राम की शक्ति पूजा

उतर आयी होंगी

स्वयं शारदा
कवि की जिह्वा

ऐसे ही किसी दिन
सुस्ताए आकाश के नीचे
प्रार्थनाओं से प्राणवान
इन वृक्षों के ऊपर
पक्षियों के विधिवत छन्दों में
आ गये होंगे देवता
लाये होंगे मन्दार खिला
एक स्वप्न में ऋतुचक्र,
कालिदास का

ऐसे ही किसी दिन
पर्वत की गोद
ऊँघते गुरुवर में
बजी होगी
असाध्य लक्षणा
आ बैठा होगा केशकम्बली
यूँ ही सिरहाने,
नींद में राजा रानी
सुनी सभी ने होगी
अलग-अलग वीणा की
वाणी

ऐसे ही किसी दिन
रोये होंगे राम
ऋषि की समाधि में
याद कर धरणिसुता
सुन्दर वन के साँस साँस में,
फाँस फंसा

ऐसे ही किसी दिन
बुद्ध ने छोड़ा होगा
अन्तिम निश्वास
दोहराया वर्धमान ने
अहिंसा परमोधर्मः
शंखनाद में बोले पार्थ,
नियतं करू कर्म

ऐसे ही किसी दिन
संगवा कर समय
वायु को वायु
और जल को जल दे
आ जाऊँगी मैं,
तुझसे मिलने, माँ
□ 21.2.98

चुपचाप आयेगा

बता कर नहीं वह
चुपचाप आयेगा

मेज पर अधूरी कविता
आले में पूजा का दिया
मुंह में स्वस्ति वाक्
हाथ में रोटी का गस्सा
रुकी रुलाई। रोकता हाथ—
रुकेगा नहीं फड़फड़ा कर
अकेला। अंधेरे में अंधेरा

दरवाजे पर ताला
छोड़ जायेगा
□ 31.12.97

कुण्डल

एक सीढ़ी उतर जाना है
अपने भीतर और अभी

पहुंचता नहीं शोर जहाँ आपाधापी का
दिखती नहीं छीन-झपट की ओछी चेष्टा

अस्थि पर मज्जा
मज्जा पर अपनी ही यह नग्न त्वचा
हाँ, अब कुछ भी किया जा सकता है

सुना जा सकता है गगन गूंजता नाद
महसूसी जा सकती है बेला की कोमलता
मोरों का नीला वैभव, देखा जा सकता है
छू ली जा सकती है हरीतिमा की उदारता

प्रीतिभोज पर समवेत आए
प्रियजनों से इन पक्षियों को
न्योता जा सकता है कि परोसा तैयार है
तैयार है जल भरा लोटा

बहुत वर्षों से अनुच्चारित मंत्र
आ सकते हैं याद। अचानक
उठ सकता है हाथ वंदना में

लिखी जा सकती है
अपने निर्जन में कविता
रहने आ सकते हैं देवता
माँग सकते हैं फिर से
कुण्डल वे मेरे कान का

☐ 22.6.97

हथकड़ी में चाँद

(1996-97)

पागलपन

पागलपन से कहना
तुम पागल ही रहना

बचा नहीं कहने को
शब्द एक भी कहना

उतर रहा चेहरों से
चेहरा आज पुराना

☐ 18.7.96

दाँत

खाने और दिखाने
वे दोनों
दाँतों से खाते हैं

अब इतने भूखे दौर में
आप कहें
कि क्या चाहते हैं

हैं क्या इतने श्वसुर आपके
जितनों के वे
जामाते हैं ?

☐ 17.8.96

पंच

जैसे ही वह बड़ा हुआ, और
पहले पहले, मुँह से अपने बोला

पंचों ने पंचायत की
शब्द शब्द को तोला

हामी भर हुंकारे सारे
लड़का यह भी ठीकठाक है
साथ समय के सँभल जाएगा
बार बार पर इससे अपना
मैनिफेस्टो दोहराओ
धीरे धीरे परच जाएगा

किंतु उससे भी पहले फंदा,
फेंको सिर पर इसके
पुरस्कार का टोप कसो

तब से अब तक
चली गई चौथाई शती
लिखता है वह,
काट-पीट करता है
अपने लिखे को फिर
छपवाने से डरता है
घूम रहा है सभा-सभा में
सिर का अपना टोप सँभाले
दिल्ली से भोपाल, बरेली

टोपों का मेला है
कोई इक्कीस तो कोई
लाख लाख मिलता है

कविता !
भई कमाल करते हो,
उसका पढ़ने वालों से
क्या कोई रिश्ता है ?
□ 11.5.96

किस्से

किस्से तोता मैना के थे तब
वृक्षों पर, बैठे तत्पर
उड़ उड़ कर
क्या क्या न कहते थे—
भाग्य देश का, नेताओं के
ढंग और बेढब
मर्यादा और ऊँच नीच की
कसी हुई फ्रेमों में
तस्वीरें थीं परिचित कुछ

अब जाने कैसा
सन्नाटा है । बैठे हैं सारे वे
गर्दन लटकाए
बोला भी यदि कभी कोई तो
आँखों में दूजे के
अंगारे हैं न...ना के

जैसे कोई सामूहिक
मृत्यु हो
मरने वाला वहीं
पड़ा हो
अंत्येष्टि का
आयोजन न हो
बस गिद्धों की

गहराती नभ में
उतर रही
छाया हो

□ 26.5.96

टर्र टुम

किसी कुएँ में
मिलकर सारे
मेंढक बोले
टर्र टुम...टर्र टुम...टर्र टुम

दूर दूर तक चर्चा फैली
लगा कि कोई तुमुल ध्वनि हुई

सूख गई खेतों में धरती
अंकुर उपजे झुलस गए
धीरे धीरे जल के सोते
उद्‌गम में अपने सरक गए

कुआँ भी जब अंधा होकर
भीतर भीतर दरक चला

मेंढक चतुर सयाने फिर से
बोले मिलकर जोरशोर से
टर्र टुम...टर्र टुम...टर्र टुम

सुना काल ने, कौआ होकर
दूर वृक्ष पर बैठ गया
काँव काँव कर उत्तर भेजा
कल तुम... कल तुम...कल तुम...

□ 26.5.96

रेस कोर्स

एक समय सोनल था
साहित्य में अपना
शब्द जब व्यक्ति को
व्यक्ति से जोड़ा करता था
बढ़ आता था हाथ
आशीष सा
माचवे, जैनेन्द्र, भारती
या बच्चनजी का
आँखों में सहज स्वीकार लिए
किस्म किस्म के उदीयमान
कलावंत का। दो ही चार वर्ष में
गड़ जाते थे पैर स्थिर हो
कविता और कथा में लेखक के
कमी नहीं थी साप्ताहिक या
मासिक पत्र-
पत्रिकाओं की

उनके दरवाजों पर खुल्ला
'वादों' का ऐलान नहीं था
नारी-लेखन में नामों संग
बिस्तर का भारी दाम नहीं था

एक शिला-सी खड़ी कहीं थीं
महादेवी
नई कहानी लेकर आई सन पैंसठ में
उषा, सोमा, मैं और
कलकत्ता से मन्नू दीदी।
स्वागत किया फिर पाँच बरस में
मंजुल, मृदुला, कृष्णा का
और उनके पीछे सन अस्सी में

उभरे कितने ही तेवर
लिख लिख किस्से नए नए

कभी किसी ने कहा नहीं
'मैं हूँ बस या मेरे गुटके
बाकी सब न हुए, न थे'
या, 'मीरा बाई से अब तक
कविता हिन्दी की बाँझ रही'

गाड़ कब्र दी दो दशकों ने
कलमें कैसी कैसी
पौध उगा दी उनके ऊपर
बहरे, भैंगे बौनों की

एक अकेले पंडित जी
खड़े विजन में अडिग रहे
कहते फिर फिर बात 'सहित' की—

सबके हित की,
जुड़ने की,
नैरंतर्य की,
चेतन के उन्मीलन की

किंतु कोई नहीं जुड़ा
बिखर गए हम अलग-अलग
बैठ बिलों से देख रहे कि
साहित्य मात्र पुरस्कार,
पदक
रेस कोर्स की बाज़ी
दौड़ रहा लो, लेखकअश्व !

☐ 28.8.96

जी नहीं

जी नहीं, शार्टकट नहीं कोई भी,
रास्ता जितना है
तय होना है
घड़ी देखने से घड़ी
तेज चलती नहीं
किसी को उखाड़ देने से
अपनी जड़ जमती नहीं

सहना जो है
कहने से पहले ही
सहना है

कसो नहीं
अलगावों की गठरी
मन के बोझ
इतने भारी !

एक दो तीन में
चार से पहले ही,
सत्य सभी हो जाना है

टूट जाती है
जद्दोजहद
अपनी बात मनवाने की
हड़बड़ी
छूट जाती है जिह्वा से
चाकू की धार पैनी
गहरा जाती है
एक शीतल नदी,
वृक्ष .झुकते

नमन करते ज्यों योगी,
रेत का कण हो
खो जाती है एक बड़े विस्मय में
इयत्ता
जब-जब भी
मन में मन
कवि किसी का होता
□ 1.9.96

टके सेर

जिसको जो ले जाना
ले जाए वह

गंगा चढ़ती है पर्वत
चढ़ जाए वह

मेढ़ खा रही यदि खेत
खा जाए वह

खेमों में बँटता जो
बँट जाए वह

झंडा गड़ता जिसका जब
गड़ जाए वह

खाजा बिकता टके सेर
बिक जाए वह

है कलम, कलम
तलवार नहीं

हैं शब्द मंत्र
ललकार नहीं

यह काल किसी के दर पे
बैठा पहरेदार नहीं
□ 16.8.96

कहना

आँखें केवल पुरस्कार की
सूची पढ़ने को
नहीं बनीं, आँखों से कहना

मेधा केवल न्यासधारियों की
खोज खबर रखने को
नहीं मिली, मेधा से कहना

शब्दों में बस चाटुकारी का गुड़ न हो,
शब्दों से कहना

होते ये सब ही पर्याप्त यदि
एमिली डिकिन्सन
और ब्रांटे,
गुलेरी जी और कितने ही नए हस्ताक्षर
खो जाते युग के जबड़ों में ही

याद रहें, सबको केवल
अपनी अपनी सरस्वती
□

उद्धरण

कवि, जब जब तुमने
एक ही रोज़ में कई कई

कविता लिखीं
सुबह, दोपहर और
रात गए भी
तो क्या कविता ने तुमको
सिखलाया
कि वह प्रतिहारी नहीं द्वार पर
घंटी देते ही आ जाए जो
हाथ बाँधकर मेज साहब की—

कि वह झरता मौसम है

घिर आता जो
खुद पे खुद ही

कि फार्मूले और थ्योरी
पोलिश हों या शुद्ध भारती—
गढ़े यहाँ कितनों ने
किंतु वह बैठी अल्लहड़
रही बाँधती पैरों झाँझर,
जिस दिन उमड़ी भीतर से बाहर
केलि करते दिखे पत्थर
याद आया क्या तुम्हें, कवि, तब
लिखा तुम्हारा ही उद्धरण
कि कविता लिखनी चाहिए
'कभी कभार'
और बहुत 'झिझक कर' ?

□ 26.8.96

प्रशस्तियाँ

यह भी एक आदत (होती) है उनकी
कि डाक से आए सारे पत्र—

पत्रिकाएँ और कॉम्पलीमेंटरी पुस्तकें—
नवोदित लिखने वालों की—
रख देते हैं एक तरफ—
फुर्सत से कभी पढ़ेंगे—
रैपर को बिन फाडे,
अन्य किसी दिन

दिन पर दिन
पर दिन पर दिन
वह 'अन्य कभी' आता न दिन
बढ़ती जाती ढेरी रद्दी की

तंग आकर पत्नी ही आखिर
या बेटा-बेटी
घर में पार्टी से पहले,
रखवा (फिंकवा)देते हैं उसको
सीढ़ी या छत के किसी
उपेक्षित खंड
ऊपर से गुस्सा
झूठा दिखला
वे भीतर से पैर फैला
राहत में कहते स्वयं से,
चल पिंड छूटा !
अब छपता भी क्या है आखिर ?
बस वो पाँच जनों का गठा माफिया,
या उनकी अपनी कवयित्रियाँ
या नए नए चेलों की
गज़-गज़ ऊँची प्रशस्तियाँ
साहित्य जैसा क्या बाकी अब
बैठ के जिसको जाए पढ़ा ?

☐ 15.4.97

अखबार

वे हँस पड़े चकित हो बोले
क्या सचमुच तुम
अखबार नहीं पढ़तीं ?

फिर एक दूसरे को
लगे देखने—नहीं—कहने,
महिलाएँ कितना भी पढ़ लिख लें
रहती तो हैं केवल अपने
अँगूठी जितने जीवन में

वह चुप। फिर बोली धीरे से,
तुम क्या पढ़ते हो
मुझको नहीं पता
पर मैंने जो देखा वह
अखबारों में यह था :

एक दलित माँ के संग
उसके बेटों का जबरन
बलात्कार होता

एक ग्रामीण युवती के
वक्ष-पेट पर
उग्रवादियों का
नाच खुले में
जब तक उसका श्वास बचा था

एक सर कटे हुए व्यक्ति के धड़ पर
सैनिक लंबा चौड़ा
बंदूक हाथ में लिए खड़ा

छोटे छोटे बच्चों से

भिक्षा मँगवाने
ठेकेदार कहीं पर
पैर तोड़ता

किसी नाबालिग लड़की को
उसका संबंधी
कोठे पर लांचार बेचता

तुम पढ़ते हो शायद
किस्से नेताओं के
या पासवान ने राष्ट्रपति को
अभिवादन नहीं किया
फिर करते रहते हो
दफ्तर से घर तक
हीं हीं...हीं हीं...चर्चा

तुम क्या पढ़ते हो
मुझको शायद नहीं पता
किंतु मैं जो पढ़ती हूँ
उसको पढ़कर सूख गया है
मेरी आँखों का
छोटे से छोटा सपना
□ 6.6.96

कविता-९७

कहाँ तक आ गई वह
तुझे खोजते-खोजते :
बचपन में
गिट्टे या कंचे (बिल्लौरी) खेलते—

गिट्टों की लाल-हरी धारियाँ

याद अभी तक उसको (और
कंचे खाने का तो
जी करता था। इत्ते गोल
और चिकने जो)
मास्टरजी के जाते ही,
बिछी धूप में गलियारे की,
पटिया को पोत गाचनी मिट्टी से
उफ ! उन्मादक गंध वह उसकी !
खा ही लेती थी चुपके से थोड़ी-सी
माँ कहती : रोएगी तू
पथरी भीतर बन जाएगी, सुन !

क्या अभी कहीं पर
खेला करते बच्चे ये सब खेल,
घर के भीतर या गलियों में
बाहर ?

रोएगी !
नहीं जानती थी अर्थ। अब
जान गई है—
एक कभी न चुकने वाली
अवधि होती आँसू की
अपनी डोली से बच्चों के
दूल्हा-दुल्हन बनने तक

और फिर गलियारों में
एक भयानक चुप्पी
नहीं बोलती माँ बरस हो गए,
खा लें चाहे जितनी मिट्टी !

न आती आवाज कहीं से
झगड़ालू भाइयों की

एक भयावह चुप्पी !
कहीं सड़क पर
चलते रहते वाहन
कोई रुकता नहीं गेट पर
दूर, देस से पंछी
चले गए परदेश
नीड़ तज

एक अकेली गुमसुम
दिन-दिन भारी
पथरी उसके अंदर

●

ढूँढती रह गई
लेखनी कागज पर,

प्रज्ञा
चेतना की कैनवस पर,

अनुभूति
सपनों की सलवट पर

कहा गया जो भी
अक्षर से शब्द
शब्द से अर्थ होकर

वाक् से ध्वनि
ध्वनि से सम्प्रेषित होकर

खेल-खेल सा
लुक-छिप,
बिम्बों की लुका-छिपी होकर

वही कभी क्या कहा गया पर ?

●

होना तो यह चाहिए था

हम लिखते प्रेम की कविता
एक दूसरे के हक में
चिंतित रहते
माँगते दुआ
करते प्रतीक्षा

किंतु बदला यों
फैशन संस्कार का—
दिखलाते बस उदासीनता
तने हुए रहते हैं
बिजली की तार-सा
जीवन को जीते पग-पग
आरे की धार-सा

सॉरी, लव !
सॉरी, कविता !
□ 13.4.97

परिभाषा

खुले हुए थैले के मुँह में
धप्प से चम्मच एक गिरा
फिर छोटा कम्बल अंदर सरका कर
ज़िप से उसको बंद किया

देख उसे बगल में बैठा
वह हँस के बोला,
"हर फ्लाइट से सोवेनियर ये
ले जाया करता हूँ—
चम्मच, काँटा, छुरी, और
टायलेट से,
शेविंग लोशन, यू डी कोलोन

साबुन और आफ्टर शेव—
इसी तरह फाइव स्टार के चादर
हाथों के टॉवेल, हैंगर
पूरा एक अजायबघर है
इनका मेरे घर"

देख उसे हैरान देखता,
बोला, "कोई नहीं देखता
न ही कोई माइंड करता
आखिर तो हम देते इनको
इतना लम्बा चौड़ा पैसा
बस एक सफर
या एक रात का..."

वह माइंड करना किसको,
और क्यों होता है

सोच रही इसकी परिभाषा
□

जुर्म बयां हो

औरत के मुँह में

ज़ुबान नहीं
लगाम हो

नहीं मानती यदि वह
तो उसके सारे
जुर्म बयां हों
□ 28.9.96

दिल्ली-१

इस दिल्ली में इतनी दिल्ली हैं
कोई मिलता नहीं किसी से

किसी शहर छोटे से
आए थे पाने क्या
क्या पाया पता नहीं

डूब गया कोहरों में दिन
फाइलों में दोपहरें
नीली पीली हरी बसों ने
नापी सबकी सब तदबीरें

जीवन अगला मिले यदि तो
जीवन हो वन के पाखी का

न घर हो न
दफ्तर कोई
गहन वनों का
घुप्प सन्नाटा
☐ 7.1.97

दिल्ली-२

इतना बड़ा शहर है
लेकिन ऐसा कोई नहीं
याद आए छुट्टी-दिन जिसकी

फोन करें बिस्तर में पड़े पड़े—
आजा भई, जल्दी,
पिकनिक का मौसम है

भाभी तेरी का 'मूड' सही है
बैठी है चौके में जम कर
पूछ रही फर्माइश तेरी

लेकिन सुन, झोले में
ले आना संग अपने
मरुथर और *शेषा* की नई प्रति

☐ 30.3.97

दिल्ली-३

केबल-टीवी पर
आँख गड़ाए
महानगर यह

इसने क्या देखा भी
अमलतास का
खिला हुआ यह ताज़ा सोना

बेला का सुबह सवेरे
चाँदी हो जाना

और गाना
प्रवासी पाखी का—
बर्फीली घाटी से लौट देस में
फिर सिरस पर नीड़ बनाना ?
सुबह सवेरे नई धूप से
धोकर मुँह को,
देखा गैयों का जग जाना ?
नन्द लाला का
आँखें मलना
मैया का माट उठाना ?

सुबह सुबह फिर
जी से अपने,
इसने कोई फाँस निकाला ?
मधु तनिक
शब्दों में ढाला ?

बहुत दिनों से रूठ गए को
लिखा, सखा अब आ ही जाना
कल हो कौन ठिकाना ?

☐ 26.6.96

दिल्ली-४

आपने देखा है
आपका शहर कैसे नींद में

उतरता है । दो चार तारे,
वृक्ष की हथकड़ी में चाँद
खिड़कियों मे बुझ चली-सी
बिजलियों की आग

सबसे पहले सोता है
लावारिस कुत्ता
बन रही बिल्डिंग के बाहर
रेत के ढेर पर
पंजों से खोंचता है
रेत की ठंडक, ठंडक में
खोया जमुना का जल

कुत्ते के सोते ही
सोता है गोदी का बच्चा
माँ की पहचानी स्वेद-गंध में

मूर्छित या बहुत सुरक्षित
बच्चे को अच्छा नहीं लगता
गंध से दूर बिस्तर पर
रखे जाना। रोता है
सोता है
धीरे धीरे सुबकी में

फिर जवान लड़के-लड़की सोते हैं
एम टीवी से भड़के
सपनों से सपनों तक
जोश में

सो जाता है तब तक
घर का नौकर

गाली देता
बेहोशी में

सो जाता है बूढ़ा दादा सोचता
क्या ऐसा संभव है कल
घर में हलवा
या खीर पके

बाहर सुनाई देती है
लाठी की ठक् ठक्
बीच बीच में सीटी
बार-बार दोहराती—
सो गई सारी गली

सोती नहीं उनकी कलम पर
जिनके दिन में
रात नहीं होती
☐ 13.5.97

दिल्ली-५

वो चाहता है आते ही उसको
वह अपना बिस्तर पेश करे
और शराब से गँधाती अश्लील त्वचा को
हँसते हँसते रोज सहे
जाते जाते फिर चाय का प्याला भेंट करे

इस बीच अगर उसके
बच्चे-छोटे आ जाएँ घर
खेलकूद कर ? तो क्या—देखें वे भी

महिलाएँ तो गढ़ ही लेती हैं
सीधी उलटी कथा कहानी :
मेरे मामा के बेटे हैं। रीवाँ से आए हैं...
क्यों लेटे हैं ? तबीयत खराब थी
अब अच्छे हैं। तुम जाओ, लो पैसे,
'क्वालिटी' वाला आता होगा नीचे

और कुत्ते-सा दुम दुबकाए
खीसें दिखलाता कुछ खीझा
सीढ़ी से वह नीचे आता
जान बची। आ जाता यदि कहीं
पति मथुरा से ! मुश्किल होती
आगे से आऊँगा कुछ जल्दी
या रात गए

बच्चें हों स्कूल में
या खा पीकर सोए..
अभी अभी यह नियुक्त हुई है
डोरे भी हैं ताजे
फँसी रहे कुछ दिन तो
कन्फर्मेशन और पति के

दिल्ली ट्रान्सफर से पहले
ये छोटे नगरों वाली
होती है रिसपान्सिव
शहरी लटकों से नावाकिफ,
और आगे बढ़ने को ईगर...

अब जलने दो उसको
जो अपने को बहुत समझती थी

स्साली...हाथ नहीं आई
इसी सबब तो दस वर्षों से
प्रमोशन नहीं मिली...
और उसके लेखन पर चर्चा
होने देंगे हम न
ज़िद है यह भी अपनी !
□ 21.5.97

दिल्ली-६

लिखती तो वह
अच्छा ही थी

पर लिखने के अतिरिक्त
नहीं था उस पे कुछ ऐसा
जो शहरी मंडी में चलता
मसलन रूप
अंग धूप,
पैसा और सत्ता

सोचा उसने कुछ दिन,
कुछ दिन लिखना छोड़ा

'पति मेरा अधिकारी !'

चौंकी वह, झट से उसको ओढ़ा

मिलवाया इस-उस से
खाने पर बुलवाया
अब लिखो तुम कुछ भी भैया
सिक्का उसका सिक्का !

□ 28.4.96

दिल्ली-७

प्रकाशक जी मैंने
अपराध बड़ा कर डाला
लिख ली कविता की पुस्तक
पी छपास की हाला

लेकिन मैं सच का आदी
सच था केवल इतना
अब देनी हो दीजे
जो भी ठीक सज़ा

"पहले तो तुम मुझको
दे दो वचन अभी,
लिखोगे न फिर से
कविता-पुस्तक दूजी,

अब जाकर घर अपने
२५ हजार की भेजो राशि,
छप जाएगी पुस्तक, ले लेना
५० पुस्तकें फ्री की

फिर आलोचक से आलोचक
घर-घर धक्के खाना,

लिख दे कोई समीक्षा
ये ही अलख लगाना

करनी तुमने जैसी की
वैसी तुमको सज़ा मिली,
हम ग्रंथावलियाँ छापें
या पुस्तक तुम कवियों की ?”
□

दिल्ली-८

कविता नहीं दवाई की
पर्चियों से भरी जेब ले
वह दफ्तर आता जाता है

नहीं देखता इण्डिया गेट के कबूतर
बिजली के प्रकाश में
फव्वारों का रंगीन जल

खाता है शाम का खाना
बिना घर को सिर पर उठाए
नमक या मिर्च के कम
और अधिक होने पर

नहीं देखता दीवार पर
करीने से लगी पुस्तकों की कतार
नहीं झाड़ता
जाले भगवान के आले में

नहीं खोलता अक्सर
कई कई रोज़ तक डाक
खोलता है

सोने से पहले
पासबुक का आखिरी पन्ना
और उँगली से छू महसूसता है
शरीर-सा ही घटता जा रहा
पूँजी का उसमें बैंक-योग
□ 10.9.96

दिल्ली-९

एक बड़ी कविता कब जन्म लेती है ?
सोचता है कवि
शब्द दिखते हैं बैंक लॉकरों से बंद
क्या छिपा है इनमें ? काला धन ?
माता-पिता के घर को जल्दी से जल्दी
अपने नाम चढ़वाने की साज़िश ?
बड़ी हो रही बेटी के वर हेतु फंड ?

एक बड़ी कविता क्यों
रहती है साल-दर-साल दूर
कहीं तालों में ?...

गिरता है बस के पायदान से कवि
टूटी हड्डी पर पलस्तर चढ़वा
कुर्सी पर बैठा सोचा करता है
ऐसी ही तो होती है कविता
एक हादसा—
एक लंबी प्रतीक्षा कि मिले मुआवजा...
इतनी गहरी चोट
हड्डी टूटी तीन जगह
जुड़ने में वर्ष लगा आधा
कोर्ट, दलीलें, दावे

कोई आया नहीं गवाह
लाखों खारिज होती चीजों में
खारिज कविता :
आखिर उन 'स्कैमों' से तो
बड़ी नहीं थी जिनमें
कई करोड़ का हुआ हवाला
बरी हो गए कल सारे वे
अभियुक्त नेता

अब तेरे होने का
अभिप्राय क्या है,
कह कवि से, तू ही कविता
☐ 28.5.97

यह भी प्रेम था

१
वह सिखा रहा है
हाथों को,
पीछे रहना

शब्दों को,
कुछ न कहना

वह सीख रहा है
खालीपन को भर लेना
कागज को संज्ञा
कर लेना

अभी अभी वह
दुआ हुआ है
भीतर के रण में

खड़ा हुआ है

२
वह बोली :
यह मेरी गुड़िया का
घर है

उसने घूरा
और जाते जाते घर को
जूते से दाब गया

यह भी
प्रेम था

३
उसने पत्र लिखा
देर तक
शब्दों को ढूँढ़ा
एक भी नहीं मिला
यह भी
प्रेम था

11.5.97

४
सूरजमुखी
अभ्यर्थना करती है

सूरज की

थाली भर पाँखुर ले
सजती है
अगवानी में रथ की
दिन भर तकती है

जय उसके
जय पथ की

शाम ढले ढलती है
खड़ी अकेली
वहीं वहीं

परिभाषाएँ भी कैसी
और कितनी अद्भुत हैं
प्रेम की

☐ 17.5.97

जय में

जाने कब तक रोएगी
यह टिटहरी
शहरी छतों के वन में

सोचकर मैंने कहा
उसको चिढ़ाने :
जय श्री राम

तब से, विस्मय !

उसका क्रन्दन
बदल गया है जय में
एक नियंत्रित लय में

जय श्री राम...जय श्री राम...जय श्री राम
गाती है वह बड़ी भोर में

☐ 14.4.97

यात्राएँ : १

यात्राएँ चलती हैं
रुके हुए जीवन में
आगे कम
अक्सर पीछे

खिलती रहती है मौलसिरी
बचपन की खिड़की में

आता है माली का बेटा
वापस फिर सपने में

फटती है चिट्ठी कोई
बार बार पढ़ने में

बैठी रहती अथक उदासी
साए सी कमरे में

□ 25.5.97

यात्राएँ : २

बचपन के घर में
घर का होना
बहुत बाद हुआ करता है
बचपन का घर पहला सबसे
स्वाद हुआ करता है

पिछवाड़े चरती चितकबरी गौरा से उठती
घास-गंध
कपड़े धोती धोबिन के छींटों संग
देह-गंध

दूध बिलोती मैया के हाथों
माट-गंध
तंदूर सिकी रोटी में मीठी
आँच-गंध
बिस्तर में चिकनी-सी अपनी वह
केश-गंध
और सबसे पहले सुबह सवेरे
धूप-गंध

बचपन का घर
इतने बोधों का
इतिहास हुआ करता है
जो हाथ हाथ में रहा पड़ा
वह हाथ हुआ करता है
□ 27.5.97

रूपऋतु : १

ढाक मे, सिरिस पे
कदम्ब कचनार पे
पातहीन पलाश पे
सड़कों पे छिप्पा-छिप्पी
फिर रूपऋतु आया ये
सपना-सा अद्भुत हो ज्यों
रंगों ने चौंकाया ये

रख अपना तूणीर कमर फिर
रति को सोया छोड़ कुशा फिर
आरूढ़ पवन के चपल अश्व फिर
बच औघड़ की बंद आँख फिर
अनंग कुटिल मुस्काया ये

कोकिल कण्ठा श्यामा पे
मटमैली गौरेया पे
सोने सी हिरनी पे
रत्नजड़ित मोरों पे
ज्वर जैसे गरमाया ये

लो रूपऋतु सजधज फिर
महानगरी आया ये !

□ 26.2.96

रूपऋतु : २

अब इससे तो अच्छा मितवा
मौसम कोई क्या होगा

फूल खिलें
या फूल गिरें,
आघात तरल, पानी में
पानी से ज्यादा क्या होगा

इस तड़पन के बाद
तड़प का
हाल न जाने
क्या होगा

□ 1.4.97

रूपऋतु : ३

उसने जब-तब
पलाश-वर्षों पर कविता लिखी
और उनके होने का

अपने को एहसास दिया

लेकिन अब अचरज होता है
कि लिंक रोड
या आईएनए मार्केट के आगे
बचे रह गए कैसे

सेमल और ये ढाक पुराने
कटे नहीं क्यों ?
जब सड़कें चौड़ी कीं
या कारपोरेशन ने
पटरी खोदी

कल ऐसा हो भी सकता है
बस रस्ते ही रस्ते हों
और पलाश ये केवल
उसकी कविता में खिलते हों

☐ 1.4.97

मध्यम गान

सारी दोपहरी चिरौटों ने
चम्पा के नए खिले फूलों को सूँघा
पत्तों पर नाचा
देर-देर तक
भरा-भरा सा गाया
ऐसी ही कितनी अलस दोपहरी
एलबम में तस्वीरें ज्यों
फड़-फड़ कर
सुधि में सहसा पलट गईं :
सुग्गों की

तीखी क्रीं...क्रीं
गौरेया की रीं...रीं
गुँ...गुटर कबूतर की छज्जे में—
मोरों की छत पे आँव...आँव
चुटल चुटीले खंजन का
एकालाप
नीलकंठ की
सतरंगी सहसा
पंख उड़ान
छिपी घास में
टिड्डी की चीख
किसी अनाम
परदेसी पाखी का
सहलाता सा मध्यम गान

गुम हुए सभी फिर—
डूब गई कंकर पानी में
सतह रही वैसी की वैसी

फूल गिरा
चम्पा का धरती
और साँझ कलसाई
चौखट पर बैठी थी
☐ 14.4.96

वह नहीं जानती

वह नहीं जानती, प्रिय मित्र,
कि पत्रों की सीमा में
उसने जो कुछ लिखा (लिखती)है
उसको तुम कितना पढ़ पाए (पाते) हो

कि बिन लिखे कैसे लिख दे
इस डूब रहे दिन (दिल) को,

बुझती (चुकती)जाती जिजीविषा को,
कटी पतंग की
बची (टँगी) डोर को,
कैसे लिखे
मित्र, कहो तुम,
इस (किस) लज्जित-सी इच्छा
(आशा) को

कि तुम आओ (आओगे ?)
लेकिन डरती है
क्यों ? अब तुम ही
उस को
समझाओ
□ 11.4.97

इस साल

मौसम के माथे की सुई
कुछ आगे सरक गई है,
जून में जो आग नहीं, धरती पर
बारिश बरस रही है

अब मुझको यह
मालूम नहीं
कि मेरा मन उखड़ा है
या उन्मन है
या याद पुरानी कोई
भीतर दरक रही है ?

धरती के अंदर भी तो
डरे हुए-से अंकुर होंगे
विश्वास करें कैसे पानी में
जानें क्या-क्या घात छुपी है

फिर भी बारिश तो
बारिश है
इस गुमसुम गुमसुम रहने से
क्या बुरी कहो, नादानी है
□

सुबह

गुलमोहर में
आँख
खोलती है,
चिड़िया में वह
बोलती है,
साँसों को
भरती है
घास में,
झुक जाती है
याद में
□ 13.5.97

पहिया

पूरा पहिया घूम गया
सूरज का, लो
दौड़ रही है साँझ, ढाल पे

दौड़ रही गाड़ी ज्यों

पक्षी बोले : हे विश्वराज
लो नमस्कार
यह चार पहर अब अंधकार
है दान तुम्हारा
क्लांत देह को

कल फिर उठेंगे
गान गले से
नए नए फूटेंगे
सुबह सवेरे
धुले तुम्हारे पथ पर
मोती जल के
धरणी तक छूटेंगे
अभी मूँद लो आँख, दिवाकर
तुम भी तो

पूरा पहिया
घूम गया, लो
□ 25.4.96

आँख

एक सोया-सा शहर
धुंध में आँख खोलती
खिड़कियाँ घरों की

दूधिए की खनखनाती बाईसकिल
और बिजली के तारों पर
चोंच साफ कर रहे पक्षी

किसी पार्क की ओस भीगी बेंच पर
एक लड़का—
एक लड़की,
भावी के उत्तप्त स्वप्न
से बँधे
डरे डरे

एक शहर ऐसा-सा
मात्र कल्पना
या यादों में
याद शहर ऐसे की ?
□ 5.1.97

ब्योरा

वह वृक्ष मुझको
बहुत पसंद था
किसी घर के बड़े बूढ़े-सा
इधर पैर पसरा तो
उधर गिरा आसन था

जाने किस किस नन्हे पाखी का
डाल बसेरा वह,
जितनी उसकी कोटर
उतनी घातों-बातों का
देह पे मानचित्र था
कब से कब तक का साक्षी वह
काल-कलम का
हस्तलिखित ब्योरा था

कल 'हाइवे' की तैयारी में
कटा—

गिरा,
जाने ऐसे लगता था
जैसे मेरी वृद्धा माँ का
अंतिम,
निष्प्रयोजन जीवन,
पल पल सबको
खलता था
☐ 30.9.96

कोई दिन उसे ऐसा दो

अखबारों में हत्याओं की
खबरें न हों

बच्ची से बलात्कार का
विवरण न हो

माँ या पत्नी को परिजनों ने
पीटा न हो

भूखा कोई पुल से नीचे
कूदा न हो

गुमशुदाओं की टीवी पर
तस्वीरें न हों

कोई दिन उसे ऐसा दो—

हाथों में बेला की
अंजुरी हो

कानों में स्वस्ति या

मंत्र-ध्वनि हो

घर भर में, अगरु-गंध
भरी हो

दूर कहीं से आकर
दरवाजे पे चिट्ठी हो

पूरे तन में निर्मल
शीतलता हो
कोई दिन
कहीं—
ऐसा हो ?
□ 9.5.96

चींटे

साल में हर साल एक बार
वे घरों में बनाने को
अपना घर
ढूँढते हैं कोई सुरक्षित कोना,

किताबों की अलमारी
या कालीन के नीचे जमीन
फिर आँख बचाकर सबसे
फूलने लगते हैं उनके काले
चमकीले शरीर
जाने कितने सहस्र अण्डों के
सफेद खोलों में
पलने लगती है उनकी नई सन्तति

अचानक एक दिन

भेदती है मेहतरानी की नजर
या खानसामे की चीख
बुला लेती है घर के भीतर
भीड़। बाकी के सेवकों की
टूट पड़ते हैं
झाड़ू डंडे ज्यों झोंपड़पट्टी या झुग्गीवालों पर नगर-निगम के
बुलडोजर—
देर तक आती है
उबकाई

वे कई रोज तक
ढूँढ़ते हैं बाद उसके
घर भर में अपना घर। यहाँ-वहाँ
प्रियजनों का शव ढोते/या रोते
पिसते रहते हैं
बार बार
पैरों के नीचे

☐ 5.9.96

अप्रैल

चिलचिलाने लगी धूप,
डेलिया के झबराए गमलों में
गर्दन गिरी-गिरी-सी फूलों की
चुक गया उन्माद बसंती !

घर के आलों में
आत्मतुष्ट मादाएँ बैठीं,
दे रहा अदायगी नर
फुर्र-फुर्र तिनकों और
चोंच दबाए कीट-पतंग की

नया साल यह अपना—
अप्रैल मास अंग्रेजी !

☐ 13.4.97

केवल वह आकाश

अभी आधी कटी है
बाकी की आधी जो
उसके एक एक झींगुर-पल में
कितनी गहरी होगी रात

जगे नहीं होंगे कहीं देवता,
पिछवाड़े सोई होगी
स्याही सी नीली,
अपराजिता

सोया होगा ताल,
कुमुद हाथों से सम्पुट होंगे

केवल वह आकाश
अड़ा बस वहीं खड़ा
रहा जागता
सप्तर्षि ले साथ

☐ 24.5.96

कई रोज से

धरती पर बरसे सावन
कई रोज से
वृक्षों से धुल धूप गई है
कई रोज से

सड़कें तैर रहीं सड़कों पे
कई रोज से

और वह हाथों में कलम उठाए
पूछ रही अपने से
ये कागज क्यों यूँ ही रखे हैं

किस कोने से मन को
चला गया
विश्वास तोड़ के ?

कई रोज से
☐ 23.8.96

कहना काल

जब लौटेगा वह छोटा संसार
शब्दों के भित्ति-चित्रों से टँका, बसा मेरी ही
स्वप्न-आकृतियों से,
सूखे पत्तों-सी सर-सर करती
स्मृतियों के अम्बार अटा

नीचे नभ के तब खोल किसी
जटिल पंख कल्पित को
श्वासों से भी हल्की—
हल्की हो
विस्तीर्ण नहीं हो पाऊँगी क्या
कहना काल, कभी तो ?
☐ 24.11.96

दिन हताश

शब्दों में पास
चला आता है अतीत
शब्दों में ढलता है
कोई दूर का स्वप्न

शब्दों की छोटी गठरी में
बंद रहते खुलते
सुख और सघन संताप

पानी पर उबर रही ज्यों वाष्प
शब्दों में पास चला आता है
उसका आना
टलता रहता जाना

शब्द लिए मुट्ठी में
ढलता रहता
दिन हताश

☐ 25.7.96

निदा फाजली का एक गीत सुनकर

शाम होती नहीं
दिन के ढलते ही घर के
दरीचों की साँकल पे
ताला जहाँ है

परिन्दों को ख्वाबों के
उड़ना मना है

कोई अकेला मेरे दोस्त
अब भी वहाँ है
☐ 30.3.97

साइंस के युग में

जब वह अपनी नई-नई गाड़ी में
बैठी सोच रही थी,
कितनी दूर अभी शिवालय है,

और अपनी दुखती गर्दन को
दोनों हाथों से थाम रही थी
चला आ रहा था आठ वर्ष का बालक
काँधे पर गढ़ गंगा या हरिद्वार से,
जल काँवड़ में बंद किए

और उससे भी आगे
दो पैरों से लूला,
वह दो बैसाखी पर बगल दबाए
बाँध कमर में गंगा को
उचक उचक कर
चला जा रहा था
मन में शिवशंकर को ध्याये

कैसी यह महिमा है
श्रावण में भोले की

कैसा अद्‌भुत चमत्कार है
श्रद्धा का सांइस युग में ।
☐

वय प्रसंग-१

वय के प्रसंग में
तूलिका समय की
अंकित करती
एक झुर्री

दूर्वा-सी
जड़ पकड़ वह
ढाँप लेती
पूरा फलक ही
□ 14.4.97

वय प्रसंग-२

ज्यों आँगन हो, बंद पड़े
किसी घर का,
नीम की पीली
पत्तियों से अटा-भरा

ज्यों तट
सूखी सरिता का
सारस बिन
अनगूँजा

ज्यों बच्चों से खाली
मैदान खेल का,
ऊँघा ऊँघा

ज्यों कागज
बिन हस्ताक्षर
फाइलों में

कोरा सा
मन उसका अब
बिना किसी भी
सरस याद का
□

मौसम

एक मकान बनाया है मैंने
बारह कमरे हैं और हम दो—
मैं और मेरा सबसे छोटा बैचलर बेटा—
बाकी के वही वहीं हैं
जहाँ कहीं थे

अपने बेडरूम में टाँगा है माँ को
देखा करती है वह मेरे
दूर दूर से उलझे जीवन को

दूजे बेडरूम में बेटी
और उसके हँसमुख बच्चे
हँसते रहते हैं तस्वीरों में
जब भी देखो उनको

नीचे के बेडरूम में
खेल-खिलौने, मोज़े-जूते
छोड़ गई थी पिछली सर्दी जिन्हें शिवानी—
मेरे बेटे की बेटी—

और उसके संग दूजे बेडरूम में
उसके मम्मी-पापा
रोज झाड़ता है सेवक
चादर उनके बिन-सोए बिस्तर की

एक तौलिया, चप्पल और बहू के
अलमारी में कुछ सूट पुराने
प्रिंटिड

बाकी का सब उबड़ा खुबड़ा है
तीन रसोई और टायलेट नौ
यहाँ वहाँ मकड़ी के जाले
और नलकों से
पानी टपटप्

हाँ सरस्वती रखी हैं
मेरी पुस्तक की अलमारी पर—
सौम्य, सुमुखि वरद-हस्त !

और मैं बाहर गमलों में
सूख चले हैं फूल सभी जो
बैठूंगी कितने मौसम तक जाने
रक्षा उनकी करने को
☐ 15.4.97

पहली चिट्ठी

यह मेरी पहली चिट्ठी है
तेरे नाम, गई है जब से
पढ़ लेना
सब ठीकठाक है
यूँ तो
बच्चे और 'कुँवर' तेरे

ठीकठाक मैं भी लेकिन
ऊब गई हूँ,
व्यस्तताओं और व्यवस्थाओं से

लगता है कितनी जंजीरें पिंजरे पर
और कितना छोटा हीरामन भीतर

आगे की सुन,
जब-तब
चिड़िया आ जाती है सेंजन पर
पक पककर गिर रही फली प्रतिदिन उसकी
तुझ सी मुझमें नहीं दक्षता
तोड़ उन्हें उपयोगी कर लेती

नहीं दक्षता
कपड़ों को
धूप लगाकर संगवाने की
नहीं दक्षता
अपनों के ही
दाँव समझकर, अपनी
गर्दन बचवा लेने की
माँ, बुरा लगेगा तुझको
शायद मेरी इतनी फूहड़ताओं का
किंतु ये तो सब नया नहीं कुछ
पहले भी थी मैं ऐसे ही
और तुझे पता था
फिर भी कुछ मुझसे था
जो तुझको बाँधे रखता था
आज उसी से बँधी हुई मैं
देख नहीं पाती हूँ—
न रस्सी
न पहिया

हाँ, कल रामसिंह आया था
मैंने तेरी दोहर

उसको दे दी है
लिखना, ठीक किया न ?
जाने कब कब उसने
तेरे दुखते घुटनों पर तेल मला था

तेरी भर-भर आती आँखों का
एक वही तो
सतत साक्षी था
□ 28.9.96

याद आती है मुझको उसकी

उसके बेटों के घर
जब भी दावत का
दौर चला करता है,
बोतल पर बोतल का
ढक्कन खुलता है,
यहाँ रूमाली रोटी और वहाँ पे
चार तरह का टिक्का पकता है—

तो वह याद
मुझे आती है,
अपने सूने घर में
कहीं अकेली
चलते टीवी के आगे
ऊँघी ऊँघी झपकी लेती,
सुबह बनाई खिचड़ी
बादी के भय, डरते-डरते खाती
अँधेरे में गिरती-पड़ती
'टायलेट' जाती,
याद मुझे आती है—

अपने अन्तिम दिन भी
सुब सवेरे
स्वयं ही फोन मिलाकर
बेटों से गिड़गिड़ करती—
"जी खराब है चार बजे से,
आजा जल्दी...."
और उनके आने-न आने तक
धरती पर छूटे मुँह से
दाँत गिराती। याद मुझे
आती है उसकी

☐ 14.7.96

जहाँ जहाँ भी कोई

जहाँ जहाँ भी कोई मुझको
उस-सा दिखने वाला
दिखता है

ईर्ष्या करता मन मेरा
या आसीसा करता है :
बहुत नहीं है समय शेष
इनको तुम
सुख से रखते रहना,
मोड़ चलेंगे मुख ये जिस दिन
देखोगे तब तुम भी इनको
केवल औरों के घर बसता
नहीं मिलेगी गंध निजी फिर
न वह हाथ उठा ममता का

☐ 5.1.97

आओगी

कभी तुम आओ
और स्टडी में फैले
बेतरतीब कागजों—
किताबों के ढेर देख लो,
तो अवश्य 'उफ़' कह
उन्हें संगवाने लगोगी

कभी तुम आओ
और बेडरूम में
बिना तहाए
कपड़ों का अंबार देख लो,
तो अवश्य 'ओफ़ ओ' कह उन्हें तहाओगी

कभी तुम आओ
और रसोई में
खराब हो रहे
फल, सब्जी और
घुन लगे मेवे देख लो
तो अवश्य
'हद हो गई' कह भुनभुनाओगी

कभी तुम आओ न !
आओगी ?

☐ 25.9.96

कहते-कहते

कहते-कहते क्या
बात खतम हो जाती ?

एक भयानक सपना
घिग्घी बाँधे
सहता है सन्नाटा

सहते-सहते क्या
रात खतम हो जाती ?

झुकती हड्डी
बढ़ती वय
खाली घर में दूर-दूर तक
केवल ईंटें

तकते-तकते क्या
बाट खतम हो जाती ?

दरवाजे से पहले
रस्तों की
खाक खतम हो जाती ?
☐ 9.7.96

सूरज तेरी याद का

कहीं तो होगा हिसाब
हमारी याद के अतिरिक्त भी
उस सब का
जो आसपास की हर मौजूदा वस्तु
और संग रह रहे अपनों से
कुछ ज्यादा अपना है।

एक स्वप्न भर ही तो न होगा
यह आकाश भीतर का
नियत समय पर जिसमें

उगता है माँ,
सूरज तेरी याद का
☐ 28.9.96

आग को आग

जाने कौन-कौन सी लड़ाई
लड़ी है आपने
किस किस मोर्चे पर
तने हैं आप

जानते हैं कन्याकुमारी से
चीन तक का हिसाब
कहते हैं जलने को जलना
आग को आग

देखी नहीं क्यों
वह सहमी नजर पर
वह काँपता सा हाथ

माँ थी कल तक वो
एक शिकायत भर आज
☐ 27.1.97

कलम

जब दर्द का बंद डिब्बा
सिर से निकल जाएगा
और मौसम कोई रिमझिमा
शब्दों को परस जाएगा

बचा नहीं होगा
पत्थर से पैरों में ठोकर का अभ्यास
आँखों से साफ-साफ दिखाई देगा
आसपास का दिन,
लम्बे चौड़े खेत,
कारपेट पर रेंगती
चीटी की लाल कतार

हाथों में आ जाएगा,
विश्वास करो फिर,
अपने हाथों से छील बनाई
अपनी कलम का
वह पहचाना एहसास

●

कोई सीमा नहीं
सीमाओं की,
कहाँ तक डूब जाए
जिन्दगी
ऊब जाए साँस-साँस
साँस में चलते,
जिह्व हो काठ की

पकड़े रखना
प्रतिपल कसकर
रीत ये विश्वास की,
एक निरंतर
आस की ।

●

न, कुछ तो नहीं थका है—
न भीतर
न बाहर

कविता ने उसको आकर,
सौ हाथ गढ़ा है,
रख चाक पर

हर बार
नया कुछ
हर बार गया कुछ

संगीत रंधा
माटी में पर आप—
आप फिर
□ 31.8.96

कोलाज

एक नई शुरुआत मुझे करनी है

जीवन के पल, पल-पल,
जीने हैं पहले से गहरे
पहले से निश्छल, और यों
जाते-जाते चले जा रहे
इस काल अटल से अंतिम संधि करनी है

भीतर मन में यादों—के—'कोलाजों' को संगवाकर
झाड़ पोंछ करनी है ।
बिछुड़े अम्मी-पापा और बहना से
पूछताछ करनी है । जहाँ कहीं हैं अब वे
वहीं-वहीं पर उनके मंगल की
प्रभु से विनती करनी है

अपने होकर आए और अब तक भी

अपने हैं जो—गुरुजन, और प्रियजन—
उनसे पाए सहज मान की
कुछ तो रक्षा करनी है
छलनी से छान कहीं अनृत जो
खोज-खबर रखनी है

पर इन सब से पहले
एक निरंतर शुचि-सलिला में
हाथों को रख,
यह छोटी अँजुरी भरनी है
□ 30.5.97

इतना भर समय

(मार्च-जुलाई 1996)

क से कविता

हाथों को फुर्सत होती तो
हाथ मांगते जाने क्या
अब तो केवल
यही पता
क से कविता
लिख लिख जा
लिख लिख क

□ 22.8.96

समझ सको तो

बहुत तेज घोड़े थे तब
अपने पैरों में,
हाथों में तितली,
आँखों में बिजली
और बातों में
चार तरह की दुनिया थी

जितना झोली लिए हुए थे
उससे ज्यादा
संकल्पों में
अमर बेल थी

धीरे धीरे सिमट गया जो,
हाथों की छलनी
ढरक गया जो,

पैरों के नीचे
सरक गया जो,
उसका कोई गणित नहीं—

समझ सको तो
समझो
आज तुम्हारी मुझको
पानी से भी अधिक
प्यास है।

□ 18.7.96

आँसू जो गिरता है

कितनी छोटी लड़की की
मुट्ठी में बंद
रहता है मन,

जाने कब-कब क्या न
सहता है

बड़ी नहीं होती
जीवन भर लड़की

दो चोटी में बांधें
बालों को,
कच्ची इमली दिन भर
खाती,
उतनी ही रहती है

भोली, या कहो

अयानी

किंतु दिल क्यों
धक्-धक् कर
इतना थक जाता है,
होते होते छोटा
पूरा घट जाता है

समझ नहीं पाती है लड़की
कह भी पाती नहीं
आप या
किसी और से

चुगती रहती है
मोती-मोती,
आँसू जो गिरता है
□

आशीष

"माँ, तुझको,
तुझसे पहले नानी को,
और अब तक भी मुझको,"
बोली वह आँखों में भरकर
सूखी आग गरम को,

"मिला नहीं कोई जो
बढ़ा हाथ हाथों को
ले लेता अपने में, कहता :

'लाऊंगा मैं
तारा नभ से
एक एक कर पूरा करने
तेरे हर सपने को'
वे होती हैं और तरह की
किसी लता सी
पल्लव-पल्लव डरने का
अभिनय सा करतीं,
हाँ में हाँ भर बात-बात में
मन मर्दों का रखतीं

दो कंधों पर लिए हुए मैं
अपनी गृहस्थी और स्वयं अपने को
चूर हो गई, बट बट इन गिद्धों को
इसी लिए जन्म अगले में
जनम यदि तुम दो मुझको तो
देना न पैरों में अंगद,
न हाथों में निष्ठा
न भीतर यह सच की शक्ति
न ही रीढ़ कर्म की

देना एक लचीला तन
चंचल आँखें, मक्कारी,
दिन भर अलसा-अलसा कर
क्षमता, धूर्त भरी पाचन की..."

"ऐसा, बेटी, कहो नहीं तुम !
ऐसा कभी नहीं चाहना
अपराजित उर देखो तुम ही
नित नित दलित धरा

राधा से पांचाली तक

आँसू किसका नहीं गिरा ?

तेरे जैसी हर लड़की के
शेष नाग संकल्पों पर, सुन
गोवर्धन अब तक रहा अड़ा

ले मेरा आशीष जन्म से
जन्मांतर तक
तुझमें उपजे नहीं लता ।"
☐ 23.6.96

शोक

शोक यदि होना है तो
इन कटते
वृक्षों का हो,
बांधों में बटते
पानी का हो,
बस्ती में चलते
बुलडोजर का हो,
बेकारी, महामारी का हो,
टीवी से चिपके
बच्चों का हो

शोक भला क्या,
मिला न प्यार,
स्टेजों पर बैठे दिखें

गंवार,
बेटों के अलग हुए
घर बार,

डूबा सा मन, या तन बीमार
हर बाजी दी खुद ही हार।

☐ 15.5.96

साहित्य-समय

अपने जुड़े हुए हाथों में
एक प्रार्थना लिए आता है दिन
कि प्रतिदिन की उतावली
झुंझलाहटों, मनसा, वाचा कर्म की
छोटी बड़ी हिंसाओं के बाद
भीतर के किसी सुरक्षित स्थल में रखी
खाली स्लेट पर
उभरते रहें धीरे धीरे शब्द
सुडौल, अर्थगर्भ ओर गतिमय ज्यों,
वृक्ष, हवा, बादल, धरती स्थिर दिखते भी
चलते हैं एक निरंतर निजअर्जित
लय में संतुलित

कि मेज पर ढेरों फाइलों और
दरवाजे पर फरियादियों के कभी
न समाप्त होने वाले सिलसिलों के बाद भी
कोहनी के पास ही रखे रहें कुछ पढ़ने योग्य
समकालीन कवि—

और स्मृति के विजन में अक्षुण्ण, संचरित
रहें कबीर, तुलसी, कालिदास, निराला
अज्ञेय, भवानी भाई

जोड़ते इतने साहित्य-समयों को
जुड़े हुए हाथों सा प्रतिदिन

☐ 6.8.96

कुछ देर कलम को

अपने को अब ढीला छोड़ो
कुछ देर कलम को
नीचे रख दो

पकने दो भीतर का सूरज
झरने दो पावस को
मन पर,
कहने में क्या रखा, बोलो
बस खाली हस्ताक्षर कर दो

कल आएगा काल
बुहारी देता
कूड़ेदानों को ऊपर तक
अपने ही हाथों से भर दो

कुछ देर कलम को
नीचे रख दो
□ 23.5.96

कुछ भी तो संबंध नहीं

इस तृष्णा का पानी से
कुछ भी तो संबंध
नहीं

इस चाहने का चाहे से
कुछ भी तो संबंध
नहीं

यादें हैं यादों से

पहले की,
बातें हैं ये अन्य
जन्म की

जाने क्या कहना है
जाने कितना कह
पाती

इस कहने का कथनी से
कुछ भी तो संबंध
नहीं

क्यों अस्थिर इतना
क्यों अकुलाया—
अकुलाया मन

इन प्रश्नों का
प्रज्ञा से

कुछ भी तो संबंध
नहीं
□ 24.3.96

तुगलकाबाद

दुर्ग का अब तो
द्वार बचा है केवल
न संतरी न सेना
इधर उधर ये
पत्थर, और सन्नाटा
क्या क्या लेकर कथा पेट में—
या ऊसर होने का शाप औलिया—

चारों ओर पड़े

बेगम, बांदी
वज़ीर, बादशाह
अजान मुल्ला
फटकार, काज़ी की

क्या गया कहा,
क्या बचा रह गया

दुर्ग का
खंडित जीर्ण
विशाल परकोटा
कितने गहरे गड़ा
खो गया—
पत्थर संग पथराया,
सूत्र समय का

केवल बाकी
द्वार रह गया
बचा दुर्ग का
☐ 13.3.96

काल कक्ष में

कोई गाँव नहीं
न ही घर
बस मंदिर एक विशाल
प्राचीन खड़ा
दूर से अध-निदियाया
दिखता था

जा रही थी बैलगाड़ी
उसके कच्चे रस्ते
अपने पहियों की धूल से ढकी सनी
जोड़े हाथ गाड़ीवान ने, या
बैठा रहा वह ढीठ सामने,
मैं देख नहीं पाई

क्या प्रस्थान कर गए
वहाँ देवता,
कर विश्राम, किसी
अन्य स्थल ?

कौन अधिक दोनों में,
सोच रही मैं, निर्मम—

प्रभु या, कृतघ्न भक्त था—
या दोनों ही
काल-कक्ष में
बिंधे मर्म तक
पड़े हुए थे
अपनी अपनी
नियत जगह
☐ 13.3.96

चुनाव-९६

कौओं की काली बस्ती में
आ पहुंचा लो हंस
धवल यह

सोच रहा, इस गौर वर्ण पर
हो अवाक

ये काक सभी
बोलेंगे पैरों में गिर,
प्रभु, पधारे—
बड़ी कृपा की

दौड़ रहे सच ही
वे सारे,
बैठ गया कर बंद
आँखों को, अभी गले में
माल्य चढ़ेंगे

दूर खड्ड में
गिरा पंख जो
पड़ा रह गया
कथा बताने
□ 23.4.96

आँधी के बाद

आँधी के बाद
शहर के
साफ हो गए नभ में
जाने क्यों लगता है
आया है कोई या
सहसा
चला गया है

यहाँ वहाँ पत्तों की
शोक सभा में
"हे राम"
कोई कहता है

थम गई हवा सुन
जंगल में,
सन्नाटा है

सरक रहा क्या
वृक्षों पर कुछ ?
तन,
सिहरा जाता है
☐ 11.5.96

दोपहरी

आज सुबह सैर में
शहतूत से झर
अध पका फल
पैरों के नीचे
किच्-किच् कर
पिस गया

भीतर मन में
मनभर का
पत्थर सहसा
हिल गया

क्या सच ही थीं वे दोपहरें
जब दौड़ा करते
बिन चप्पल,
झोली में भर,
काले शहतूतों के
खट्टे-मिट्ठे गंधीले
फल

हम से भी ज्यादा
मोटे चींटों के,
मधुमक्खी के,
भौरों के
होते थे धावे उन पर
चुन-चुन कर

पास कहीं में
नीबू की फूल-महक
मूर्छित सी करती
और कुएँ पर
रहट की
छल-छप्
छल-छप्

घर के आँगन में
माँ जोर-जोर से गुस्सा करती :
"देखो, किसना,
भाग गए फिर
इतनी लू में,
नक्सीर छूटेगी।
बंद करो लाकर कमरे में
पांच बजे तक—
यह लड़की ही है
अगुआ सबकी..."

फिर बिस्तर में
करवट ले-ले
देखा करते
खिड़की से,
बड़े आम पे
गदराई

अमिया दसेक
तोड़ेंगे जब
नाके से उनकी
गर्म गर्म सी
गंध उठेगी

हौले हौले
ऊघों में
हो जाते थे थिर,

पाँच बजे ठंडाई के
संग
बाबू जी की
घोड़ा गाड़ी के
पहियों की घुलती
चर्र-मर्र चर्र-मर्र

बचपन कहना,
ये दोपहरें
बचपन में क्या
कभी हुआ करती थीं ?
□

अग्नि जब जलती है

अग्नि जब जलती है
क्या-क्या संग जलता है ?

लकड़ी के भीतर
कीड़ा,
लपटों पे उड़ता
कीट पतंग,

होमकुंड की
पिपीलिका

स्वाहा...
स्वाहा...
स्वाहा ।

पिछले जन्मों के
कर्म कदाचित
आने वाले संकट भी
शायद
कुछ दुष्चिंताओं के
पल

स्वाहा...
स्वाहा...
स्वाहा ।

सामग्री
चटचट कर
आहुती घृत
भक् भक् कर
पानी का छींटा
शांतिकर, शांति कर

स्वाहा...
स्वाहा...
स्वाहा ।

☐ 13.3.96

भवानी भाई-१

भवानी भाई की फिर
कविता पढ़ी

आत्म बोध के
महावृक्ष से
महुआ महुआ झरतीं

नाटों के इस
अथाह समूह में
फिर दिग्गज की
यादें मन में भरतीं

जड़े हुए मानक में
शांत स्निग्ध अग्नि हो
स्वत: स्फूर्त हो जलतीं

शब्दों का यूं गुणी, धनी
होता कोई रोज रोज ना
जाने कब कब का संचित
कोष यह—
लाए चींटी ज्यों
दाना-दाना,
बया बुने घर
तृण ला अपना,
मुँह में भर उदधि नित-नित
जल हो जाए मीना

कब कब की कर मौन
तपस्या—
कवि ने काता
ताना बाना

☐ 24.4.96

भवानी भाई-२

भवानी भाई को
भाते न थे
दोपहरी के घंटे
दो से चार बजे तक—
दो

और मुझको साँझ के
पांच से सात बजे तक
जो

एक बड़ा कवि मन
था उनका, वे
झेल गए इन
काले कुँओं को

मैं बैठ जगत पर
सहमी सहमी
रह जाती हूँ
बाँझ-साँझ में
कातर हो-हो

☐ 25.4.96

चौराहों पर

बारिश में भीगते
वे चौराहों पर
बत्ती के लाल बदलते ही
मांगते हैं आपसे
कुछ पैसे

टपक रहे कपड़ों में ठिठुर रहे या
ठिठुरन का अभिनय करते
कहते हैं, भूखे हैं
कई रोज से

वे बींधते हैं
आपके कानों का बहरापन
ए..ए..ए..ए या ए-
माई कह-कह कर

इतने सारे ये सब
आए कहाँ से ?

क्या सचमुच इनका कोई
जमादार है
भिक्षा मंगवाता जबरन इनसे ?
या वे स्वंय अपनी ही
माँ के उकसाए,
पीटे जाने के डर
बापू से,

सीख लिया करते हैं
उदर पूर्ति के
सुगम उपाय ?

ए.. ए.. ए..जैसे कोई
पशु कहे घायल,
या मरते प्राणी का
स्वर कातर

भीगती है लड़की
बीचों बीच सड़क
माधुरी दीक्षित सी हिलती

गाती मन में फिल्म धुनों को
और वह अधनंगा लड़का—
शायद भाई लड़की का—
खुजलाता
मक्खी भिनके हाथों से
अपने सिर में जुंओं का छत्ता

☐ 3.8.96

दिन-१

दिन को जाने
कब से,
दिन ही नहीं मिला

स्याह पर स्याह
होता गया,
फलक रात का

खड़ी ताकती बाट
रह गई
क्या हो उस खिड़की का

कहाँ नीम वे झरते थे जो
उसके या
महादेवी के बचपन में ?

क्या हुए
दोपहरी के पल
कटते
'भूतनाथ'
किस्से में ?

☐ 7.2.96

दिन-२

दिन तो थे
वही चार

एक गया पच्छिम
एक पूरब को
बाकी बचे जो—
नहीं दो—
लेकर उन्हें बैठे रहे
लाचार

न आँख ने देखा
कोई प्रकाश पुंज,
न बात से फूटा
कभी निर्झर उदात्त,

न गात में मूल्यों की फिर
रोपी उपज

रौंदते बस रेत का
गहरा मरुस्थल,
रहे इस बात से ही
तुष्ट कि

आता नहीं चल कर
हमारे तक, हमारे
पैर तक का निशान
□

दिन-३

दिन भर
सूरज ढला—
ढलता गया,

ढलता गया
चाँद

होती गई
रात, रात में
होते होते
रात
☐ 19.3.96

रात-१

वे पूछेंगें :
उसकी रातों में
स्याही थी
इतनी क्यों ?

वे पूछेंगे :
उसकी बातों में
सर्दी थी इतनी क्यों ?

तुम कविता
कुछ न कहना
तुम कविता,
कविता ही रहना
☐ 19.3.96

रात-२

डरावने सपने के फिर
लौट आने के डर से डरी,
भरी रात में वह
तारों को तकती है

कब कब की जागी है
और जाने कब तक
जगती है

नई-नई वधू सी
घड़ी मेज की
ऊंघी ऊंघी चलती है

बाहर बिल्ली एक अमंगली
प्रतीक्षा सी करती है
□

रात-३

कट गई यह रात भी—
दिखने लगी
कोरों पे लाली

लगे वृक्ष पर
पाखी हिलने

उठी दूब भर
मोती, थाली

कट गई

यह
रात भी
☐ 19.3.96

रात-४

हर रात
दो टुकड़े होती है रात

जब टन् से
एक बजा करता है

सोता है चारों ओर नगर
सड़क पर
कारपोरेशन का
लैम्प जला करता है

सोया रहता है घर भी,
उनींदी आँखों में कुछ
किर-किर सा करता है

दूर कहीं सूरज फिर अपने
उजले रथ को,
अग्नि से मढ़ता है
☐ 25.4.96

रात-५

कैसा यह,
किससे,

क्यों इतना डर ?

उथल पुथल सी
जी में

रात रात भर
आँखों में
रातें

माथे को कस
पकड़
हाथ में

किस नियति से
घिघियाया
या ऊबा,
लुटा लुटा यह
पल ?
□ 14.4.96

साक्षी

खंडहर के भीतर से
बाहर आती
अपनी आवाज़ें

छूने को हाथ बढ़ा कर
छू भी लें—
छूने को बची हुईं
कुछ टूटी हुई दीवारें

पक्षी है, हाँ एक

यहाँ पर
साक्षी इस चक्रमण का
या प्रतिरूप मेरी छाती में
ठकठक् करती
श्वासों का

छाती से उमड़ लगा लें
दोपहरी का
सन्नाटा—
कानों के रन्ध्र
बिठा लें
वृंद गाता इन
भौरों का ?
यों अपने को
सखा आप कर
क्या अपने को बहला लें ?
□

माना कुछ भी

माना कुछ भी
नया नहीं होगा,
उन्हीं पुरानी सड़कों पर,
उन्हीं पुराने पेड़ों के,
कोटर में चिचयाता
पक्षी लेकिन दिखता होगा

उसी पुराने दर पे,
उसी पुराने घर के / गलियारे में बैठा
अक्षर कोई फिर से,
रुक-रुक के रटता होगा—

ग से गगरी
घ से घघरी

माना कुछ भी
मानों कुछ भी

□ 19.3.96

पढ़ती है वह

शब्द कोश सा
पढ़ती है वह :
चमत्कृत, उत्तेजित,
आनन्दित होती है
सम्मुख पा
इतने अनंत
अर्थों को—

उस को ।

□ 19.9.95

एक भाषा है

एक भाषा है
तुम को जो,
'तुम'
कहती है

एक भाषा है
उंगली रख होठों पे
चुप
रहती है

इन दो से अलग
कहीं जो
वह
सहती है।

□

अन्तराल

मैंने अपने लिखे को
आँखों से जब
उसकी पढ़ा—

अन्तराल दोनों में
पहले से कुछ
और बढ़ा

कैसे होते एक,
भला जो,
भिन्न भिन्न
जीते हैं अब
भाषा में दो ?

□

दूर से आकर

दूर से आकर
हवा ने
द्वार की सांकल पे
पत्ती, फूल की नाजुक
गिराई—

मस्जिद से दी
अजान सुबहो की
सुनाई

परदेस से लौटे परेबे ने
बुढ़ाते ढाक की
कोटर बसाई—

ढेर में
रददी के कविता,
कोई पुरानी,
फड़फड़ाई।

II

वृक्ष को ज्यों
अपनी फैली
जड़ कोई चौंकाए—

पानी पर पत्ते संग
मधुमाखी, तैरे,
संग निभाए—

गुन गुन गुन गुन
बंद खिड़की के बाहर
भौंरा गाए—

याद किसी की
किसको

कौन बताए
फिर फिर आए
□ 14.3.96

भीतर जो खींचा है

खाई कितनी
ऊंची है,
पानी कितना
नीचा है,

कितना लम्बा पल था
भीतर जो खींचा है
□ 8.3.96

पतंग

आँधी पानी के इस
उखड़े उखड़े मौसम में

उखड़ रहे वृक्षों से
पत्ते,
बिछुड़ रहे वृंत,
पाटल दल से
सड़क रुक गई
तले नीम के

आँधी पानी के
इस उजड़े उजड़े दिन में
याद आए फिर उसको,
प्रियजन बचपन के,
ताजे लड्डू माँ के

बाल्टी में डूबे आम सुनहरी
टपके के,
बाऊजी के स्टेनो

गिटपिट गिटपिट लिखते,
सुबह द्वार पे
हज्जाम हजूरी करते

आँधी पानी के इस
उड़े जा रहे पल में
उड़ा उड़ा सा
जी उसका ज्यों
कटी पतंग हो
दूर कहीं पेंचे में
□ 29.4.96

मार्च

आते हैं बहुत देर से
और झट से
चले जाते हैं वो

छोड़ फूलों को हवा,
फिर धूल

हुए जाते हैं, वो
यह रंगों की चकाचौंध
यह नाजुक सी फिज़ा,
किसी पीर या दीवाने की
ज्यों हो मंजूर दुआ

कितने हैं शहर में
कहो, मालूम तुम्हें क्या
जिन्हें भूले हुए रिश्तों का
एहसास करा जाते हैं, वो

आते ही चले जाएं भले,
शब्दों में ढले जाते हैं जो ?
□ 17.3.96

डर

उसमें कठ-
फोड़वा
धकधकाता था,

रंगों का स्फुरन
गाता था,
ऊपर फूलों का
छाता,
नीचे फल
झुकता आता था

अब कठियाया
खड़ा हुआ है

दिन दिन जड़
होती अपनी जड़ से,
डरा हुआ है
□ 8.3.96

अक्षर-१

कविता का बनना
और कविता का मिलना
बातें हैं, बंधु,
अलग अलग दो

कविता बनती जन्मों जन्मों
साथ लिए अधबनी
उसे हम
सो जाते हैं कभी
युगों भी ।
फिर वह ही उठती है,
बार बार
सूरज सी,
माथे पे कौंध
आँख को
आलोक दिया करती है

गिरती है पत्ती सी
वृक्षों की
हलका सा संकेत
हुआ करती है

सुनती है पाखी सा
लय में भर विस्मय
धरती और जाते पल का
मौन हुई ध्यानस्थ
किसी योगी सा,
उन्मत्त हो भीतर भीतर
अनंत भीष्म सागर सा
आती है कभी कभी
लहरों के उन्मोचन सा

कविता तब
निमित्त तुम्हें कर
जिह्वा से झरती है

यह मिलना,

यह बनना,
बातें दो
एक दूजे से, पृथक
हुआ करती हैं

II

रह रह कर
उठती एक हिलोर
हिल जाता बाहर
भीतर सब कुछ ही

चलने लगते
दृश्य एक पर एक
कहाँ-कहाँ की
सुध आती

कानों में बज़-बज कर,
लय शब्दों को
चौंका कर,
शब्द-शब्द घुल जाती—

जब रचना की बेला
आती—
उस पर
छाती

☐ 23.8.96

अक्षर-२

स्थगित कर कविता को, कल
जरूरी कुछ

एहलकारी
काम करने हैं

घंटी पर घंटी दे दे
आदेशों के
ठप्पे मढ़ने हैं

दिखलाना है
दफ्तर
सजा धजा,
दिखना है मुझको प्रसन्न-वदना,
हामी भरनी है
गर्दन हिला-हिला

लेकिन भीतर बैठ गया जो
अभी रात से,
बच्चा रूठा,
क्या हो उसका ?

□ 19.3.96

अक्षर-३

अपने ही बोझ से
झुकता तरु ज्यों,
पौरुष से नर,
गरिमा से नारी

अपनी ही गति से
टिकी हुई ज्यों पृथ्वी,
वायु से सांसें,
आवाजाही जल से जीवन की—

चिंगारी यह रह रह
शब्द बिंधे मन
सिसृक्षा की :

पर्दा एक झीना,
उसके आगे दर्पण,
धीरे-धीरे लय पे
उठता-गिरता

कौतुकमय क्षण,

अरे शिशु मन !
□

अक्षर-४

रिस रिस कर
धरती से जल
होता रहता
फिर से जल

चमक-चमक के
अम्बर,
होती चपला
और चपल

तृण से पकते फल तक
होती वसुधा
नूतन प्रतिपल,
ले जन्म मेरी सांसों में अक्षर,
होते रहना, अक्षर
□ 23.3.96

माँजी-१

फर्स्ट क्लास के डिब्बे में
चलने से कतराती हैं माँजी-
कहती हैं, 'हाथों में पैसा बना रहे'

टेक्सी बुलवाने से
ड़रती हैं मांजी
'स्कूटर से भैय्या काम चले'

घर का आधा काम
किया करती हैं मांजी
'एफडी तुड़वाने की नौबत न आए'

मरुत-मार्ग से आते जाते हैं अब
माँजी के बच्चे
'सूमो'.'सीलो' खड़ी हुई हैं
लेटेस्ट घर के आगे,
दौड़ रही है आया—
नौकर दो-दो फुर्तीले,
छोड़ गईं जब माँजी घर यह,
जाने को घर परले

☐ 27.4.96

माँजी-२

बेटा जवान लो,
हुआ हमारा !
लाऊ दो पैसे का।
बैठो अब तुम
करना क्या,
पैर फैलाओ

सतसंग जाकर
जन्म सुधारो

बेटा हुआ जवान
गई चिंता सब ।

इतने दिन तक
थोड़ा खाया,
खटे रात दिन
उसे पढ़ाया
रंग लाया—
अफसर इतना बड़ा
बना वो
बेटा, आखिर बेटा तो ।

क्या !
बम्बई जाना ?
चलो ऊब गया था
इस दिल्ली से
अपना भी मन
सच ही क्या
संग नहीं चलेंगे ! !
अच्छा, बुलवा लेना
क्वाटर हो जब

खत... ?
लिखने की आदत
उसे नहीं न,
रो मत...

हाय, ये मुई
अफसरी ले गई—
बिठा नहीं लिया क्यों उसको

अपने ही गल्ले पर ?

आंखों के आगे तो
रहता...

पगली, सपने
देख रही क्या ?
अपना बिरजू तो है
यहीं पास में,
मुँह से बोले
बरस हो गया
रो मत...

डॉक्टर...
डाक्ट... ! ! ! !
□

माँजी-३

वहं सपने ही
रही देखती :

आएगी लड़की जब,
लेकर अपनी लड़की,
नातिन की खातिर
इतना सोना चांदी
रख दी ।
आएगा बेटा
घर अपने तो आखिर,
घर में खूब सजावट
कर दी ।

सपना लो साकार हुआ:

नातिन आई ।
"शादी !
सॉरी नानी,
मुझको एम ड़ी
करना बाकी
साड़ी बोलो, मैं कैसे
पहनूंगी ?"

बेटा आया... ?आएगा...आएगा
अगले...
अगले...
अगले वर्ष जून में
आया । बच्चे संग में
न लाया ।

"समर कैम्प में
जाना था, माँ
इसीलिए
बीवी भी तो
न आ पाई"

वह सपनों में
अब भी चलती है
पर उसके सपनों में, न बच्चे हैं
न बच्चों के बच्चे

वह स्वयं ही
फिर से/अपने बचपन में

छोटी बच्ची है
□

माँजी-४

उसके घरवाले ने जब
घर बनवाया
तो दो हिस्सों में कर
बनवाया
बेटे हैं दो अपने, बोला
झगड़ा न हो कभी किसी का

चला गया वह छोड़ उसे फिर
दो बेटों में रोती
दो हिस्सों के बीच गड़ी
हिलती किसी तुला सी

कुछ दिन बीते छोटी बोली,
"मैं आधे का हिस्से की मालिक
कल से होगी मुझ पर माँ की
आधी जिम्मेदारी।
भिजवाऊँगी उनको
मैं एक समय का खाना
दूजे का होगा उनकी
बड़ी बहू को देना"

तब से वह देख रही है
छोटी की आई भौजी
सुबह सुबह ही महक रहा घर
गंध से पकते बेसन की

किंतु उसका खाना तो
आएगा सांझ ढले ही

देख रही माँ बड़ी बहू के
घर अफसर का न्यौता

सात तरह के व्यंजन
और मूंग दाल का हलवा
किंतु उसका खाना तो
भेज चुकी वह प्रातः

खाना खिड़की में रखा है
माँ लेटे लेटे सुबक रही
याद उसे आते हैं पल पल
अपना चूल्हा अपनी चक्की
फरमाईश बेटों की बचपन में
लड्डू हलवा पूरी की

सोच रही क्यों उसके
पति ने उसकी चिंता न की
बाँट दिया बेटों में उसको
मेज पलंग या कुर्सी सी

बच्चों को घर दिया बनाकर
उसको दी न एक रसोई
अपने हाथ पकाती अपनी
इज़्ज़त की सूखी रोटी
बाँट लिए बेटों ने टुक्कड़
टुकड़े कर दी भूख पेट की,

बाप मरे बेटों का जिस दिन
मर जाए उनकी माँ भी...।

खाना खिड़की में रखा है
वह लेटे-लेटे बिलख रही
☐ 31.5.96

चुप से चुपतर

वह लेटा है
मरने से पहले
जितना जीना बाकी है
उसको गुपचुप जीते

वह सुनता है
लेटे लेटे
घर भर की
चहल पहल
मेहमानों के
चाय और बिस्कुट में
कहकहे

वह महसूसता है
बेटे की उपेक्षा
बहू का क्षोभ,
बच्चों में डर

वह दिन दिन
होता जाता है
चुप से चुपतर

नहीं जानता
क्यों होता है मरना यह
तिल-तिल कर
नहीं जानता
क्यों दूर चला जाता है
हर दिन आकर
अंतिम उसका वह पल

वह लेटा है

वैसे ही
गई रात से
बिस्तर पर निश्चल

किंतु घर के
जानेंगे यह
जाएगा जब कमरे में
नौकर उसका
खाना लेकर
□

अपवाद

पत्नी उसकी अनपढ़ देहाती है
शायद इसीलिए घर आते ही
उसको थाली पकड़ाती है

और वह घंटा भर तक
चम्मच चम्मच
अपनी आधी अंधी, आधी
बहरी हो गई माँ को
भोजन करवाता है,
इधर उधर की कह कर
जी बहलाता है,
कुर्सी से बिस्तर तक
बिस्तर से कुर्सी तक
पकड़ पकड़ चलवाता है

यों हर दिन लाखों बेटों में
अपवाद एक वह,
जीर्ण हुए इस संबंध सनातन को
फिर से गरिमा लौटाता है
□ 3.5.96

दिवास्वप्न

नहीं वह नहीं लिखेगी
जोड़ जोड़ कर
शब्दों को
तोड़ मोड़ कर ।
नहीं रचेगी बिम्बों का
जमघट,
न ही अर्थों को देगी
सौ सौ वॉटों की भक्-भक्

तुम से कविता, वह
सम्बन्ध नया
नहीं जोड़ेगी

वह बैठेगी पहले सा ही
बच्चा बैठे ज्यों
आलथी पालथी मार
वृक्ष के नीचे,
अपने एक ही
दिवा-स्वप्न में
पूरी सृष्टि भींचे

तुम आओगी जब,
तुम्हें मिलेगी,
उसी तरह से
हाथ पसारे,
आँखें मीचे
☐ 8.5.96

उसकी यादें

उसकी यादें यादें न थीं
एक मुकम्मल दुनिया में
मेरा आना जाना थी :

ज्यों बंद घर का,
दरवाजा खोलें,
जाले झाड़ें,
यहाँ वहाँ कुर्सी सरकाकर
खिड़की से सेहन में झाँकें,
आले में देवी या
मनकों की माला देखें

फिर तस्वीरों को
पोंछ हाथ से
सहसा सुबकी लेकर
रो लें

उसकी यादें
यादें न थीं
बचे हुए जीने में मुझको
जीने का एक बहाना थीं

एक मुकम्मल दुनिया में,
मेरा
आना जाना थीं
□ 25.4.96

क्यों न उसने तब बतलाया

प्राय: इसी समय
सात बजे—

आया करता था
फोन उसी का

"ओफ ओ, अम्मा
तुम्हें पता है
मैं उठती हूँ बाद
आठ के,
सोने दो ना"

वह हँस देती कह,

"अच्छा, सो जा
फोन मगर दिन में कर लेना"

अब मैं स्वयं ही
उठती हूँ
मुंह अंधेरे,
समझ गई हूँ
धीरे धीरे—

जो भी याद प्रात में
सबसे पहले आया
वह ही सबसे प्यारा
सब से निजतम होता

क्यों न उसने
तब बतलाया !
□ 24.4.96

तस्वीर

जब तक वह
जीती थी

मुँह से भी न
बोला कोई

जैसे उसकी
अर्थी निकली,
बैठक में
तस्वीर सजाई
☐ 9.3.96

शर-शैया

यह उसकी पीड़ा है
मेरी जो आँखों से झरती है
मैं तो बहुत कठिन थी
यह उसकी ममता है
जो खुखरी सी गड़ती है

वह कह न पाई कुछ भी
अंतिम अपने पल में
किस शर-शैया पर जाने
जाते जाते कसी गई

उसको फिर भी चिंता थी
मैं झेल नहीं पाऊँगी
उसके न रहने को

जाने क्योंकर उसे खबर थी
वह बुझ जाए तो भी
मैं जलती ही जाऊँगी
☐ 1.4.96

मैंने उससे कहा

मैं ने उससे कहा,
करती रहती हो क्यों
अब भी इतना काम ?

बुनती हो मोज़े, टोपे,

सीती झबले,
काढ़ती रूमाल,
किरोशिए पर
इतनी लम्बी झालर

भरती रहतीं तरह तरह
अचारों के
ऊँचे-ऊँचे मर्तबान,
मौसम में सब्जी के
कभी पिरोती
बे मौसम के लिए, हार

कपड़ों की कतरन
जोड़ जोड़ कर
करती दर्जनों
गुदड़ी तैयार
या जाकेट, रूई भर-भर कर,
चौराहे पर सर्दी में
देने उन्हें खड़े जो
भिक्षु बच्चे लाचार।
क्यों करती हो इतना सब ?
मैंने पूछा,
होता इनसे क्या कुछ भी तुमको लाभ ?

उसने हँस

खोल दिए मेरे आगे
खुरदरे अपने वे हाथ,
बोली :

कुछ ही दिन में
बांध मुझे ले जाएंगे जो,
मैं बांधा करती इन कामों से
उन यम के दूतों को

और लौटाना भी तो होता है,
जो कुछ पाया हमने, बेटी,
वापिस इस जगती को

फिर यह भी तो सोचो न,
तुम राख करोगे कल जिसको,
मैं भुना रही हूँ जल्दी जल्दी
प्रतिपल अपनी
उस काया को
□ 18.5.96

इतना भर समय

अभी शीतल है
बिस्तर,
और रात भर बिजली के
पंखें में सोने से
त्वचा,

बाहर ओस का आचमन कर
घास,
और झब्बा भर फूल लिए
बेला खिला

इतना भर समय है
अपना,

इतना भर समय
उसका—

आती है वह
हाथों में ताजा
मक्खन लिए
मोतियों के रंग का,

छूती है आँखों से
नम घास सा,
उसकी हथेली में
खुलता है एक सुरक्षित स्थल

जिसमें लेटा जा सकता है
बिस्तर सा

कुछ देर ठहर जाता है
तपना दिन का,
त्वचा की हड़बड़ी
कुम्हलाना बेला का

ठहर जाता है
पिघल जाना मक्खन का,
सूखना ओस का

ठहर जाता है
इतना भर समय,
समय के बीच
हम दोनों का

☐ 13.5.96

गाड़ दिया है कांटा

बुन दिया है तुम को मैंने
एक जाल सा, धागा धागा
रंग डाला है इस में
रंग रंग के बचपन का

गाड़ दिया है कांटा
यहाँ वहाँ पीड़ा का
छोड़ दिया है धब्बा
आँखों के पानी का

अब मैं हक्की बक्की
सोच रही हूँ
दे जाऊँ जो इसको
ऐसा होगा कौन यहाँ

□ 21.5.96

दीवार पर

तुम्हारे पास बैठी नहीं मैं,
दिन बीत गए
यों ही इतने सारे

मुस्कुराती रहीं तस्वीर में तुम
दीवार पर से धीरे-धीरे
देखती रहीं, छलते मुझको
मेरे अपने छलावे,

देखती रहीं मुझको
मकड़ी के जालों में तनते

देखती रहीं मेरी नावों को
धारा के विपरीत घिसटते

और बुनती रहीं
कोई कवच,
आसीसने को हिले-हिले से
होठ तुम्हारे
दीवार पर ही धीरे-धीरे
☐ 8.5.96

माँ की राख है

धीरे बिखराना
हवा
यह माँ की राख है

धीरे ले जाना
गंगा,
यहा माँ की आँत है

धीरे बिसराना
मन,
यह माँ की बात है
☐ 5.3.96

बरखा को क्या याद नहीं

भीतर बाहर
रेत सब
सूखें बंजर
खेत सब

मौसम यह
अंगारे जैसा
दहकाएगा नाखूनों तक

बरखा को क्या
याद नहीं
कब से नभ में
प्यासा जल ?

□

उठे उठे से मेले

उठ गए,
कुछ उठने को हैं
मेले

भूल चला कल,
बिसर रहा सा
जाने वाला यह भी पल

कौन बुलाए,
किसे बुलाए

एक हाथ से
दूजा रहा बदल

कुछ खाया
कुछ खेले,
क्या छोड़ें
क्या संग में अपने ले लें

उठे उठे से
मेले
□ 27.4.96

जूता

अपनी कितनी छोटी सी
हार पर
हार दिया उसने
दिल सारा

जूता देखा रक्त सना जब,
बीच सड़क के
शीशा-शीशा

कितनी झेंपे झेंप, राम,
फिर,
मन में राम पुकारा
□ 5.3.96

मछली

कुछ तड़पी

तड़पन कुछ
रह गई

जीने के इस
प्रबल प्रयास में
मछली मरना
सह गई

पीकर इतना अथाह
अगम जल,
वह सूखी—
बालू बह गई
□ 14.4.96

बोलो तुम ही

(1996)

मौसी

बिम्ब और बयान की
इस खींचतान में
लप-लप बिल्ली
चाट गई—
चार दशक कविता को

अब खींखीं...खों खों
खैं खैं करते,
हम ताकें
इक दूजे को
☐ 28.2.96

आज की कविता

वे लिख चुके हैं
बहुत कुछ, बहुत खूब
अपने कलामों में, बयानों में
कविता के बिम्ब-वितानों में

वे लिख चुके हैं
खिलाफ बेकारी के
भूख, महामारी के

महाजन के, मालिक के
कारपोरेशन के धोखादानों के,
कच्चे मकान, मिनिस्टरों, मतदानों के,
वे लिख चुके हैं कारनामे सभी
आपके मेरे जमानों के

अब इस भीड़-भाड़
मारा मारी, मैदानों में,
कहां से सेंध लगाए
पैर जमाए
किसी बेचारे/भोलेनाथ की
कविता

क्यों कर ले जाए स्वयं को
जहां बची हो
थोड़ी सी भी/खाली यदि जगह
न हो दूर दूर तक नारा,
लाऊडस्पीकर
स्टेज और नाटक का
नाटकीय पर्दा

कुछ कहने को
अभी बचा हो
जैसे : हरियाली का
छोटा, गर्मी में
वृक्षों के नीचे
टुकड़ा

ईटों की भक्-भक् छत पे
नेत्र-पंखी मोरों का,
एक अकेला
जोड़ा

हाथों में बोझ उठाए
लड़की छोटी
सद्यजात भाई का

या जचगी में
माँ की, घर का
जेवर अंतिम बिकता

शायद कुछ और कहीं पे
ऐसा सा ही कुछ
गुमसुम पड़ा हुआ हो
प्रतीक्षा में तेरी, सुन
आज की कविता !
□ 2.3.96

वह थी

वह जा सकती थी
नदी के साथ साथ
दूर दूर तक
ला सकती थी
हाथों में आग
सिर पर कई तरह के
गट्ठर

गा सकती थी
सूरज का राग
रुक सकती थी
बीचों बीच
सड़क

किन्तु उसने इनमें से

कुछ भी नहीं किया :
वह
नदी नहीं थी,
न ही आग,
न ईंधन थी
न राग

वह रुका हुआ
पल भी तो
न थी

वह केवल वह थी
न थी मैं,
न आप
□ 1.3.96

सपने में

हर रात
चीरती है वह
एक अंधा पानी,
उतरती है
खाइयों में
अंधकार की,
और पाती जब न
वहां
कोई आकाश

न तलवों तले मिट्टी पुरानी

किसी प्रेतात्मा सी
विभक्त, या फिर

यक्ष सी
लौट आती है अपने में

वह अभी
सब कुछ स्थगित कर
लेट जाएगी
सपने में
□ 28.2.96

कस्तूरी

वह काढ़ती है
उन्हें कसीदे सा,
और फैलने देती है
आकाश-चढ़ी
बेल सा

वह छलती है
स्वयं
अपने को,
भीतर कस्तूरी सा

वह जीती है
उनमें
पागलपन की
ज़िद सा-

अब तुमको
बतलाऊँ ,
किसका, बोलो
अता पता
□ 28.2.96

सीमान्त

छोटे बड़े लिक्खाड़ों की
इस चकाचौंध में
 सब ही तो थे
जंगल के वृक्षों सा
एक दूसरे का
पैर दबोचे

कितना वहाँ
अंधेरा गहरा था
केवल उसने देखा

फैल गई
सीमान्तों पर ही
वह जंगली शोख लता सा

☐ 8.2.96

ये दिन

ये दिन चुप-चुप
चुप रहने के हैं
भिड़ने के ये नहीं
कतई भी
चुप रह कर सहने के है :

वे कहते हैं ।
यह भी क्या कविता है
कविता होती ऐसी
कविता वैसी

तुम्हीं मान लो

वे ज्ञानी हैं
चुप बैठ रचो तुम
अपनी पोथी
बाकी का तो पता नहीं
कुछ तो बच ही जाएगा—

मसलन वह क्षण
जिसमें भीतर का
संगीत बजा करता है,

और वह साँझ अकेली
जब देहरी पर देवों का
भान हुआ करता है

और वह भीगी ओस सुबह की
जब समय काल को
नमन किया करता है

कुछ पक्षी रह जाएंगे
सुरताल मिलाते
बचपन से अब तक की

मैं दावे से कहती हूं
बच जाएगी स्वयं
कविता ही, कवि तुम्हारी

चुप-चुप रह कर,
चुप सह कर,
कवि शब्दों का
दान लिया करता है
□ 22.12.95

कुछ पहचाने शब्द प्रिय से

कुछ पहचाने
शब्द प्रिय से
लीक बना लेते जब,

कुछ पहचाने
बिम्ब सुगम से
उन पर छा लेते जब,

इनके मिश्रण से जो होता
वह कविता नहीं कवि का
ऊपर से गिरना होता

इसीलिए तुम पकड़ो
फिर से हाथ कमण्डल,
आँखों को टांग क्षितिज पे,
टखनों से बांधो
जंगल

□ 11.2.96

तिल

तुम ने कहा
किसी के वक्ष यदि
काला तिल हो
तो वह निश्चित कवि होता

उसने जाकर घर में
अपना आईना देखा
तिल तो पता नहीं

एक कील वहाँ पर
पैना था

□ 22.1.96

कतली

बैठो ताना-बाना लेकर
कतली को
गाने दो

बंद कर आँखें
मन को खोलो,

गई चदरिया
जाने दो

लिखो हवा पे
सांस सांस में,
सूरज को आने दो

चप्पा चप्पा शायद सरसे
आखर
छिटकाने दो,

कतली को गाने दो
गई चदरिया
जाने दो

□ 28.2.96

अनुपात

एक सूप
अक्षर,
एक तुला
शब्द,
इकतारा
काठ का,
और हल्का सा
कम्पन—
वह हाथ का !
□ 1.3.96

क्या हुआ

रात रात भर जाग कर
खेल और मजमे छोड़ कर
डाकिऐ ने क्या किया
क्या किया भई
क्या किया...

कागज को
काला किया
चश्मे को
धुंधला किया
फिर जब बाहर आया तो..

क्या हुआ भई
क्या हुआ...

सबने हँस हँस ताली दी

कवि...कव्वैया
गाली दी
□ 10.2.96

भागीदारी

तुम चाहते हो वह चीखे औरों सा,
फटे ढोल को पीट कहे फिर
चौबारों से—

'नारी हूं, मुक्ति हूं, शक्ति हूं
डरती हूं
मरती हूं
करती हूं संकल्प तुम्हीं से
प्रतिशोध का'

और तुम, आश्वस्त
रहो कुंडली मारे
देख उसका यह रूप
ऊबासा

वह चाहती है अपना स्वैत्व
छत से खुली सड़क तक,
महसूसा करती है जिसको
बीज भरी गुठली सा,
डरती है तो केवल जब देखे
लाक्ष-रूप वह इसका
मरती है तो मरती
आत्मतोष से, भीतर का
और करती फिर फिर

संकल्प तुम्हीं से

इन सब में आधी क्यों—
पूरी पूरी भागीदारी का

वह चीख नहीं
कविता में, सम्भावित
करती रहती कविता

□ 8.2.96

कात्यायनी कहती है

कात्यायनी कहती है
बंद करो यह शोर सभी

मैं कहती हूं
होने दो
पहले से दूना तिगना

ऐसे ही किसी पड़ाव पर
उगता है सूरज
छंटता है कोहरा

और बाजू में खड़े हुए
वे दिख जाते हैं
सह-कर्मा
सह-धर्मा

□ 8.2.96

दो जमा दो

उनके जीवन में बहुत प्यार है—
एक नहीं दो,

दो जमा दो
जमा दो !

किन्तु उनकी कविता में
प्यार नहीं

उसके जीवन में प्यार नहीं
कोसों कोसों,
कोसों कोसों,
किन्तु अक्षर-अक्षर सराबोर है

इन दोनों में
कौन अधिक झूठा है
निर्णय यह यदि होना है
तो निर्णायक,
प्रिय पाठक हो
□ 1.3.96

कुशीनगर-१

ओस भीगी सुबह
वृक्ष ओढ़े लोईयां
कोहरे की

एक अकेली चिड़िया
छत पर से कहती है—
'सखा...सखा'
और सच ही लो
वह उड़ आया
फुर्र से
वहीं वहीं

अब दोनों रचते
अलग अलग
अपना अपना प्रात-सन्दर्भ,
बराम्दे के खाली
गलियारे में कहते
पहली पहली कविता

विस्तृत प्रांगण में
दूर कहीं बजता है
मंदिर का,
मंद मदिर घंटा

धीरे-धीरे जाग रहा,
तथागत की पुण्य भूमि में,
यह पंथागार, अब,
आंखें मलता
□ 24.12.95

कुशीनगर-२

चीनी बाबा ने
छोड़ा नहीं
अपना निजी
वट वृक्ष,
छोड़ दिया
प्राणों को

यों लीन हो गई
सांस

तथागत में,

मुक्ति दे
साधक को

□ 24.12.95

कुशीनगर-३

मैं आना नहीं चाहती यहां
सैलानी सा
कैमरे और काले चश्मे के
लैंसों में,
आंखें छुपाए

मैं आना चाहती हूं
पाकड़ के
ताजे बने दोने सा
भरे-भरे फूलों को
हाथ लिए

मैं आना चाहती हूं
हे महाबुद्ध
तुम्हारे महामौन के इस
खुले कक्ष में

परिनमण का
चेतन में
संकल्प लिए

□ 24.12.95

मरुथर

दांतों में लिए कथा
और प्राणों व्यथा

लिखी कवि ने मरुथर की
लहरीली रेत पे
अंतिम अपनी कविता

देखा सूखी जलहरी में
सूख रहा देवता
पुष्टि की : मानव ही
मानव की आंख तीसरी
छाती पर लिखी वसीयत
तेज हवा से
कहा,
विदा !

☐ 26.2.96

मांगो जो मांगो

तुम मुझसे मांगती हो
पुनः अपने में ही
बार-बार काया प्रवेश की
भयावहता

तुम मुझसे मांगती हो
नितांत निबिड़ में

अपने सम्मुख
अपनी निबिड़ता

तुम मुझसे मांगती हो
वह जल सघन
आंख में मैंने जिसे
आँसू होने नहीं दिया

मैं कर्पे नहीं
पर मांगो मुझसे
जो भी, मांगो
कविता !
☐ 10.12.95

राम किसी की

जाने आंगन कितने,
महका पीछे
बरसों

राम किसी की
नज़र न होवे
इसको

खिले रहें सब फूल
वृंत पर
लिपटाए पांखुर को

ढके रहें डाली पे
पत्ते,
सिहराते फूलों को

राम किसी की
नज़र न होवे
इनको
☐ 2.2.96

क्या बुरा है

क्या बुरा है
कल्पना में प्यार करना,
स्वप्न से सपने सटा कर
स्वप्न का आधार रखना

क्या बुरा है मान लेना
तुम वहीं वैसे
खड़े हो

क्या बुरा है सोचना कि
लौटकर मैं आ गई हूं

क्या बुरा है
खंदकों के
रास्ते यों पार करना
☐ 2.2.96

दिल को जाने क्यों

दिल को जाने क्यों
याद नहीं रहता है कुछ भी
आ जाती है उस पर फिर से
भोली एक ऋतु सी

अंगड़ाई लेता है, खोले
आंखें ज्यों तितली सी
उड़ने उड़ने को,
उचका बच्चा ज्यों,
दे देता ताली सी

दिल को
जाने क्यों
याद नहीं रहता है
कुछ भी
□ 2.2.96

शरणागत

यह एक दिन
चुराया जो

खिंडी सीप में मोती
आया जो

इस पर नाम यदि लिख दूं मैं

जाने नाम
तुम्हारा हो

इसलिए हाथों को अपने
मुट्ठी-मुट्ठी बांध लिया है

न मैं, न तुम
न वे ही जानेंगे
कौन डाल पल्लव का,
पल्लव अपने फूलों का,
फूल गदीले फल का
फल, गर्भ धरे बीजों का
शरणागत बन
आया हो
□

फागुन-९६

वृक्ष वहीं पर अड़ा खड़ा है
घातें झेल कड़ी सर्दी की

फिर उसके सहज गात पे
अभिनंदन किसलय का करतीं
दौड़ रही हैं
छोटी तीन गिलहरी

एक नया सा सुख दिखता है
हिम हुई सतह पे जल की

आकर देखो

घास बिछी अवनी ज्यों
कुटी हुई हो मेंहदी

लगता है फिर आँख खुली
सदियों पीछे
तानसेन की
□ 8.2.96

आन अभय दो

बहुत लम्बी यात्रा यह
छोटे पैरों से करनी है

कौन क्षण विश्राम का
यह तो पता नहीं

किस दिन कितनी दूरी पर

तुम से मैं
छूट कहीं पीछे रह जाऊंगी

या खो जाएगा गन्तव्य
किसी अनभिज्ञ स्थल

जाने हो भी पास कोई या
न भी हो
वंचित दो मीठे बोंलो से
जलती हो
जिह्वा बिन पानी

अनंत काल को

अनंत काल तक
अर्पित होकर
मौन पकड़ ले वाणी

इसीलिए मुझको तुम
इस मंगल पल आन
अभय दो,
एक नहीं
जितने सब बाकी,
जन्मों का अनुबंध करो
☐ 2.1.96

जाल

यह कैसा बिरहा है
तुम से मिलने पर भी
मैं तुम से
मुक्त

नहीं होती

एक जाल है बहेलिए का
छूट-छूट जिससे
मैं स्वयं ही
फिर से आ गिरती

एक बंद मुट्ठी है
बहते पानी में,
कितना इसमें बचे रहोगे,
बोलो तुम ही
□ 24.1.96

तुम लिखो

जो सुनना चाहते
सुना सकती नहीं
बोझ सच का, सच
उठा सकती नहीं

चुप हूं और चुप
कर दिए हैं लफ्ज भी
लिखा कलम ने तो
मिटा सकती नहीं

न सही दो गज जमीं,
यह हद है जिसको
और बढ़कर
मैं बढ़ा सकती नहीं

तुम लिखो, क्यों
हाथ को रोके हुए हो,

हाथ अपना दे दिया
खुद तो छुड़ा सकती नहीं
□

एक छोटी याद चिहुंके

हाँ, अजब सी बात है
ढेर के नीचे

सुलग कर
सो गए हों
चांद तारे

एक छोटी याद
चिहुंके
धौंकनी हो
धौंक जाए
□

मैंने माना

मैंने माना फिर से जल
धरती पे गिरता है
किन्तु होता क्या वह वो ही
जो मेघ घुमड़ घिरता है

वही कथानक वही पात्र फिर
दोहराता है हर दिन
तुमको भी क्यों पर
युग बीत गया लगता है

तुम याद मुझे, मैं याद तुम्हें
चिट्ठी भी लिखते हो
फिर जाने पुतली पर यह
आँसू क्यों हिरता है

□ 23.1.96

वो ही आया

मैंने
तुम से,
तुम ने
मुझ से,
जाने क्या क्या
खोया—
पाया,
पाया—
खोया !

जिसके जो हिस्से में
आना था पर,
वो ही
आया !

□ 7.2.96

आ तोड़ दें

क्या कहें,
क्या छोड़ दें,
पांव जाता
किस सड़क पे

मोड़ दें

है नहीं वश में
यदि कुछ
क्यों उलाहने पे उलाहना
एक ताजा
जोड़ दें

भूल कर
थी भूल जो भी,
याद की पक्की गिरह को
खींच तागा
तोड़ दें—

क्यों मोड़ दें ?
क्यों
जोड़ दें ?
□ 8.2.96

देवल की चौखट

अपने ही सूरज की जब जब
साझेदारी
करनी चाही औरों से

सांसों के रोकड़ का
जब जब
गणित लिखाया
औरों से

भीतर के देवों पर जब जब
पहरा दिलवाया औरों से

सिमट गई धरती ही सारी
हर अक्षर में डसने
तक्षक आया

लाल हुई देवल की चौखट
छिल अपने फिर
आत्म बोध से

☐ 7.2.96

शुरू कहीं से

किसी के उखड़ते
सांस सी
बाहर
हवा
भीतर
डर

यहां न
वहां
कहीं भी
घर।

रात !

गहरे
गहरे
धंस चला
भारी भीष्म
गात

कुछ करो

कुछ भी करो
शुरू कहीं से
बात !
☐ 26.2.96

अपना है जो

अपना है जो
सपना भी है
वो

यों तो
भीड़ भाड़ में
साथ चले,
फिर छोड़ दिया
कितनों को

चला गया
सपना भी, लो !
नही...नहीं
वह तो है...
वो !
☐ 26.2.96

बहुत दिनों से

बहुत दिनों से
दीवारों ने नहीं सुना
खिड़कियों ने नभ को
बढ़कर न अगवाया
न दरवाजे ने खुलकर

तबला सा थपकाया

बहुत दिनों से
क्या था,
उन दोनों में
जो नहीं पिघला
□ 1.2.96

नभ में

नभ में
छाया है ?
या है
एक पक्षी ?

उड़ता है ?
या
कल्पना,
किसी की ?

आ रहा है
पास,
या कि
याद सी ?
□ 21.1.96

जब अकेला होता है घर

जब अकेला होता है घर
और आप
घर में अकेले होते हैं,

सिर्फ फर्श पर, या
दीवार पर
यहां-वहां लगे आदम कद आईने में
चलती है साथ-साथ
आपकी अपनी सही
परछाई भर

रात के सन्नाटे में
अकेली यह परछाई
आपको क्या देती है :

किसी के साथ होने का
सिहराता सा भ्रम,
या अपने कहीं भी न होने का
एक निश्चित बोध/सहमाता ?

☐ 10.12.95

प्रश्न क्या है

वह आता है
और तर्जनी हो
हवा में
उठा रह जाता है

वह क्यों
आता है ?
आर पार यह
प्रश्न, क्या है
जो चीर जाता है ?

☐ 1.2.96

प्यार

इतनी गहरी
खाई
कैसे भरता
कोई

वे बैठे,
देखा,
सहमें,
फिर
बिछुड़े,
कभी न

लौटे

बात बनाई,
आँख चुराई !
☐ 26.2.96

घिरी शाम

घिरी शाम का
झुटपुटा
हर कोई पाने निकला
थल अपने
विश्राम का

घरों पर छा गई
काली परछाई

मन के भीतर मन

हर दिन सा ही
फिर मन-मन का हो
डूब चला
□ 24.1.96

यात्रान्त

कोई यहां नहीं है,
केवल अपनी
उपस्थिति के

कल मित्र बने थे
सहज शाम जो
उनके कमरों पर
ताले हैं

मुझको भी तो
जाने की तैय्यारी करनी
बाकी है

इस पूरी परिक्रमा में
बचे हुए जीवन की
रची उदासी
गंधाती है
□ 24.12.96

इतनी देरी

रात अधिक नहीं हुई
उसने ही बंद कर लिए
घर के दरवाजे,

सब खिड़की

इस थर्राते सूनेपन में
आए कोई
नहीं जरूरी
कोई आएगा भी,
यहां नहीं

रात ज्यादा नहीं हुई

किन्तु जाने
सूरज उगने में
क्यों होती
इतनी देरी
☐ 24.12.95

वृक्ष तैयार करता है

वृक्ष तैयार करता है
अपने भीतर
एक ऋतु

मन मथता रहता है
धीरे धीरे
सीमा यादों की

कैलेंडर पर छपे छपे
हो लेती इतिहास,
तिथि के बाद तिथि !
☐ 21.1.96

पूनो

अंग्रेजी में उसको
शशांकशिशु कहते हैं
क्या सच ही उसकी राशि का
तुम से कुछ, विधु, रिश्ता है ?

तुम तो जाने कब से—

जब से, जब उसने
आँखें भी न खोली थीं
यूं ही आया जाया करते थे
और ऐसे ही एक अकेले
उसके न होने के बाद रहोगे
रात गगन के बीच चमकते

चाहे तुम कुछ न बोलो
चाहे कुछ प्रमाण नहीं हो
किन्तु इतना वह कहती है
ज्यों ज्यों तुम उजले होते,
कम होती है उसकी स्याही,
आ जाते हैं बोल कण्ठ में
और सेतु वाचा गढ़ती
गत आगत के जंगम में

☐ 5.2.96

पुनरावृत्ति हर दिन की

चलचित्र कहीं चलता हो
ज्यों बार-बार, वैसे ही
वही वही सब दृश्य

हाव-भाव संवाद वही,
आदि-अंत की पूर्व-विदित
फिर फिर वैसी परिणति

इस ठहर गए जल में
हो तो कुछ हलचल सी

गिरे कहीं से कंकर, आकर
ठहरे हंसा परदेसी

धीरे-धीरे मुग्धा-नवला
दिख जाए कली कंवल की

यह पुनरावृत्ति हर दिन, हर दिन में
हर दिन की !

□ 6.2.96

एक शाम

एक शाम ही तो है
हजार शाम सी—
बिजली के बल्बों में बंटकर,
चौके की चख-चख में
ढल कर,
कट जाएगी

गरमा जाएगा बिस्तर भी
धीरे-धीरे,
ठिठुरन की बेरोक दखल यह
सुबह हुए तक
घट जाएगी

एक शाम
ही तो है !

□ 2.2.96

बोलो तो

चारों ओर 'केबल' पर
चलती फिल्मों से घिरे
अकेले घर में,
अकेली वह
बहुत देर से सोच रही है
सो जाए ?
सात बजा है-
या
गर्म बनाए कुछ उठकर
मीठा, हलका—
यों धक्का देकर
आगे कर दे
पैर समय का

किन्तु सोकर तो
रात नहीं कटती न

कितनी भी हो नरम
रजाई,
अकुलाती है काया
मुंह अंधेरे आँख खुले जब

बहुत देर से
सोच रही है
क्या हो अब ?

□ 21.196

क्या सच ही

क्या सच ही
सूख लेगी
भाषा फिर ?

जल का वैभव
और उसके भीतर के
अनगिन जलचर—
रह जाएंगे
पथरा कर ?

हर डाली पर
मंजरित कोयल
रह जाएगी
पिछले दिन की,
ठगी-ठगी ?

कह आदिवाक् फिर
हे आदिकवि !

कतरा-कतरा
कातर
सुन क्रौंच की
विह्वल वाणी

☐ 24.1.96

सच पूछो तो

सब पूछो तो
कुछ भी आज
नहीं मन करता,

करने को

चप्पल पड़ी पड़ी बस
यूं ही आराम करे

हैंगर पर कपड़े
सोए रहें

खूंटी पर झोला
ऊंघे
टंगे-टंगे

और आफिस में चूहे
बिल्ली से बच
मौज करें
सच पूछो !
□ 5.2.96

और खड़िया घुल गई

कुछ भी नया नहीं
वो ही पुरानी बात है

हाथ अपना हाथ थामे
आप है

दीवार पर दीवानगी में
दौड़ती लटकी घड़ी
ऊंघती दहलीज कब से
चौखटों नीचे गड़ी

न कोई आया

कहीं न वह गई
बाल की गहरी जड़ों में
और खड़िया घुल गई

वो ही
पुरानी बात है
□

उन्हीं सबों ने

जब-जब लिखना
भूल गई
कलम, हाथ में
सूख गई,
उन सब ने
अफसोस किया,
'इतना कम !
क्यों ?'

जब फिर से
स्याही ने
उंगली को रंग डाला,
कागज पर
दौड़ कलम ने
अपना कहा संभाला,
उन्हीं सबों ने
मुँह बिचकाया,
'इतना सब
क्यों ?'

□ 20.2.96

बहुत भीड़ थी

बहुत भीड़ थी
बहुत भाड़ था

भीड़ में वह
रुल गया

भाड़ में गिर
भुन गया

बूझो तो वह
क्या था ?

आदमी !

नहीं, अन्न का

दाना था
☐ 2.2.96

उत्तर कोई नहीं था

उस दिन सन्नाटे ने
रोक कहा
कि
मैं तो यहीं,
यहीं था

मेरे पास क्यों जाने
उत्तर
कोई नहीं था
☐ 11.11.95

सुबकी

घर के
और दफ्तर के
सभी जरूरी कामों को
निपटा कर
खाली अब बैठी है वो

दूर कहीं अंधेरे में
टन-टन करता है
दस या ग्यारह का
घंटा

धीरे-धीरे
सुबकी सी उठती है,
या अंतस में फिर से,
तुम कविता
☐ 8.2.96

माट

ये उसके मन माट चढ़े
शब्दों के-
कुछ बनते बनते
रह जाते,

कुछ बन कर फिर
गारा हो जाते
कुछ उसकी ही दृष्टि का
ताप नहीं सह पाते

आवे के जब बाहर

आते जो भी बचकर,
वे जिल्दों में नत्थी
होते ही चटकाते
☐ 11.2.96

कथा

आज धूप निकली है
बिसर गई पिछले कल

तेज धार बारिश की

क्या उमगा करता
क्या बह जाता
मौसम जब-जब
इतना बदला करता ?

मालूम नहीं !

हां इतना मालूम कि भीतर
जो घनीभूत होती है
फिर-फिर,
स्मृति—
करुणा—
व्यथा—
क्षमा—
वह न बादल के आने से
न सूरज के प्रखर ताप से
धुलती, या छंटती

नित नित जड़ उसकी
फैला करती जंगल होकर

इसीलिए
जब न होते हम
कथा उन्हीं की
रह जाती
☐ 11.2.96

चन्द्रभागा

टकराता रहता है सागर
अपनी ही सीमा से
और आहत होती वह
जाने किस किस
अतिरेक से

सहला देता है सूरज
अपने,
यह सच है
संतप्त हाथ से

और उढ़ा देती
संझा
चांदी की चादर
हौले से

अवाक् सैलानी
तकता केवल
रेत पांव तक
धंसे-धंसे
☐ 24.1.96

एक बार फिर

एक बार फिर

लौट गए सब
अपने रस्तों के रस्ते,
अपने अपने जीवन में

एक बार फिर
समाप्त हुई
उनको मेरी उपादेयता

एक बार फिर,
देहरी पर हूं
लिए फूल यह हाथ का
□ 10.12.95

तस्वीरें जो खेंचीं थीं

सूटकेसों को ऊपर तक
भर लेने पर
जो अट सका न
फालतू सामान

रस्सी पर धुला
गीला तौलिया

पलंग के नीचे
रात में पहनने की
हवाई चप्पल

बच्चे का एक मोज़ा

पत्नी की दो चार बेंदी

तुम्हारे पास क्या
कुछ और भी प्रमाण हैं कि
तुम
अपने बेटों की माँ थीं ?

हाँ,
तस्वीरें जो खेंचीं था
धुलने पर आती ही होंगी
□ 10.12.95

आज उसी का

आज उसी का फोन आया तो
गज़ गज़ ऊपर
जी उछला

पूछेगा, सोचा, कैसी हो ?
डाक्टर ने क्या
माँ, बतलाया ?

बोला, 'एक जरूरी कागज
एम्बेसी से
आने को है। स्पीड पोस्ट से
भिजवा देना।
भूलोगी तो न ?'

जाने किस गहरी खाई में
डूब गई आवाज
गले तक,

'भिजवा दूंगी'
कांप रहे हाथों ने
रख मेज पे फोन हटाया
☐ 4.2.96

जाने क्यों लगता है

जाने क्यों लगता है
चाक पर
रह गया घड़ा,
हाथों में मिट्टी

और घुमेरी
घूमती रही,
घूमती रही

आँखें उसकी
जल के गहरे में
बहक गईं, हो
मच्छली
☐ 20.1.96

शिवानी

सुनो, शिवा
मैंने तुम्हें दुलार से
सदा 'चुटकी' कहा
क्योंकि मेरे इतने
असीम सूनेपन में

चुटकी बजाने लगे कोई

यों एक खुशनुमाई सी
तुम एकाएक चली आई थीं

मेरे हाथों ने तोला
प्रतिदिन तुम्हारा
गुट्ठल होता शरीर
हमारे सम्मिलित प्रेम में
दृढ़ होती, पसरती गई
तुम्हारी पसली

सुनो, शिवा
तुम यह सब याद रखो
आवश्यक नहीं
मैं भूल जाऊँ
अपना अतीत
यही भूमिका होकर तो तुम
आई थीं

कल गरुतमान तुम
लांघ चलोगी
महासागर सभी
किन्तु क्या
ले जा पाओगी
वह धूप हथेली पर जो
उगी रह गई ?

☐ 10.1.96

लेकिन अब

(सितंबर 1995)

पंख-पंख

आज सुबह सुबह
मोह भंग :

पंखे से
माथा
टकराया

और धरती पर
आ गिरी,
बेचारी,
पंख-पंख
□ 27.8.95

लोटा

कुओं में
पानी तो
तल्ली तक भी
न था

खाली लोटे
धप से गिर

कीचड़ में
फंस गए

हाँ,

डर कर
चमगादड़ कुछ
बाहर आए

फिर
सूरज से डर
कुएँ में ही धंस गए
☐ 28.8.95

पारा

दोनों हाथों
पकड़ा—

पारा था पर
बिखरा

जाने दो !

हाथों को
अपने
धो लो

आँख लगा तो
आँखें भी
फूटेंगी
☐ 29.8.95

पहचान सही

गुदड़ी है
सीली है
गर्मी तो इसमें
कहीं नहीं—

बाहर देखो
अभी-अभी
सेमल पर
फूल नया आया जो
कुछ ही दिन में
रूई-रूई हो
तुम तक
पहुँचेगा—
तुम उससे झुक
अपनी झोली
भर लेना

होगी सेमल और गुदड़ी की
तब तुमको
पहचान सही

□ 29.8.95

सपना था बस

उसने
सोचा था

वृक्षों पर
पत्ते हैं,
पत्तों के नीचे

कलिका,
कलिका मे
बीज-कोष
और बीजों में
अखुँआ

सहसा
खुल गई आँख,
भरी रात में
कुछ भी न था—

सपना था,
बस !
☐ 2.9.95

खड्ड

रस्ता कभी
खत्म नहीं होता,
दोराहा
तिराहा
चौराहा
कुछ न कुछ
आ मिलते हैं
रस्ते से

चलते-चलते
गिरी
धाँय से खड्ड में

रस्ता ?
क्या तुमने

वहाँ कहीं
देखा था ?
☐ 27.8.95

खोज रहे हो

फूलों से भी
प्यारा,
खिल आया था
भीतर जो

झपट चील सा
उठा ले गए
हाथ वो

अब तुम
हड्डी के ढेरों में
खोज रहे हो
किस को ?
☐ 29.8.95

बिन पानी जलती

मैं नया ?
या
जग नया ?
अखुँआ कर
वह सोच रहा

जितनी-जितनी
हटती

झिल्ली,
उतना-उतना
गड़ता वह
धरती

ऊपर
सूरज का
तपे ताप

और जिह्वा ?

बिन पानी
जलती
☐ 28.8.95

उड़ गया कागज

उड़ गया
कागज़
हवा में—

क्या लिखा था ?

खत किसी का,
या गणित का
आँकड़ा था ?

जो भी था—

खोल खिड़की
सातवें तल्ले से वह,
गिरा हवा में

देखने,

होता है क्या
!!
□ 29.8.95

अंगने की धूल

डूबता मस्तूल
धीरे
देखता बस
कूल

देखता चुपचाप
झरते
वृक्ष अपने
फूल

देखता घर लौट
मितवा,
आंगने की
धूल
□ 31.8.95

नज़र

क्षण भर को ही
नज़र इधर की
उधर हुई—
उठा ले गया
चप्पल कोई

बटुआ कोई

अब उचक उचक कर,
सड़कों पर
चलते लावारिस

न हाथों में भाड़ा
न अभ्यास
हाथ को,

भिक्षा का ही
☐ 29.8.95

बोले चुप्पी

वह
चुप्पी में
सहसा
उतरी,
या चुप्पी
उसमें

अब चुप्पी में
बोले, बस
चुप्पी ही—

ऐसा
मन्त्र वह
चुपके चुपके
खोज रही
☐ 28.8.95

चकमक

जले, पर
जलाए न,
वह आग
आग को
भाए न

चकमक से
पूछो तो

वह पत्थर है कि
जंगल में,
दावानल की
तैयारी ?
□

आखिर क्यों ?

पंजों
नाखूनों
दाँतों से

बरसों
बरसों
नोचा, कोंचा,

आखिर क्यों ?

क्यों !

भौचक्के से

देख रहे अब,
वे दोनों
□

कोयलिया

थी तुम्हारी
क्या ?

कही तुमने

या कि मेरी ?
सही तुमने

जिस भी थी—

कोयलिया
पर
बीत गई

ऋतु
ऋतु में
रीत गई

सपना आँख
अंजा न,
कोर पलक
नम
भीग गई
□

झांका होता

शायद
गहराई थी—

झांका होता

उठ उठ कर
अनुगूँजों से
बोल उठे जो—

जाँचा होता

फड़ फड़ करते
पृष्ठों का,
खुला ग्रंथ था—

बाँचा होता !
□ 29.8.95

अक्षर कितने

वह
बाहर,
और वे
बेड़े में

वे बाहर,
और वह
घेरे में

पहले तो

कभी यहाँ से,
देखा न था
अपने को उसने

सोचा

एक सफर है,
चलते, खड़े,
जीत-हारों का
साथ-साथ सब

लेकिन अब ?

अब !

कहने को तो/बोलो,
अक्षर कितने ?
□ 28.8.95

गरज़

रुको !

फोन
रख दो

वे वहाँ
हैं ही
नहीं

होंगे—
और घंटी भी

बोलेगी,

जब उनकी
तुमसे

गरज़
सधेगी
□ 29.8.95

धृष्ट

परत दर
परत
दर परत
झूठ !

"सच किस
चिड़िया का
नाम ?"

धृष्ट
निपोर
कहता है—

अब इसको
कौन कहे,
सच
किन शब्दालयों में
रहता है
□ 29.8.95

नमी नहीं थी

वह
रोया—

उमड़ उमड़
सावन से,
आँखों को
धोया

लेकिन वे
जितना
बरस रही थीं,
उतना पानी को
तरस
रही थीं

कहीं बूँद पर
नमी
नहीं थी
□ 28.8.95

तरुवर है या काठ है

हाँ,
सोचना तो था—
विश्वास किए से पहले,
कि क्यों
विश्वास है ?

हाँ,
देखना तो था

कमल खिले से पहले,

कि सूरज है
या आग है ?

हाँ,
छूना तो था,
लता लिपटने से पहले,
कि तरुवर है
या काठ है ?
□ 29.8.95

वह सोचा करता है

हर बार
यही होता है
"मैं भीतर हूँ
या बाहर अपने"

वह सोचा
करता है

जब फूलों से
गद्‌गद
भर जाता तन
"हाँ, यह हूँ तो मैं"
वह फूल,
फूल उठता है

किन्तु जब
सर पर,

पड़ता पत्थर
तड़-तड़

लौट वहीं
फिर
गोदी

अपनी जड़
जा छुपता है
□ 29.8.95

आयु सारी बीत गई

टकराहट से
आग

टकराहट से
पानी

टकराहट से
मृत्यु

टकराहट से
जीवन भी

किस टकराहट
क्या हो,
जाने

सोच-सोच ही

आयु सारी,

बीत गई, लो
कवि की !

☐ 30.8.95

काया-प्रवेश

यह काया-प्रवेश
मेरा तुम में

या तुम्हारा
मुझ में

गुरु
कहो :

क्या
हुआ है ?

कांधे का झोला
जो,
रात गिरा है

और पीछी सा
कुछ,
हाथों में
हिलता है !

☐ 28.8.95

हस्ताक्षर

पी डालो
यदि विष हो

जीने के
हक में ही
हस्ताक्षर हो

चाकू
बरछी
छैनी
भाला

करने दो
उनको जो
करना

रखना भीतर
सुमिरनी पर,
शब्द वही
दो अक्षर वाला
□ 29.8.95

निमित्त

हो सकता है
कुंडली मारे

सर्प वहाँ हो

दरवाज़ा आखिर तो
इतने दिन से
बंद था

हों सो
हों—

दरवाज़ा खोला जब
भीतर भी जाना है

वैसे भी,

निमित जिसे
प्रारब्ध लिखे,
निमित्त उसे तो
होना है
□ 29.8.95

देख द्वार पे

एक समूचा
रच गया
संसार :

चिड़िया चहकी
आँगन,
बोली :

देख, द्वार पे
प्यार !
□

मेरे वन में

मेरे वन में
सहसा फूले
फूल कहो,
चंपा के,

मेरी किस
इच्छा के
तुम
मूर्त्त रूप हो ?

किस पुण्य के
इतने
उज्ज्वल
पल हो ?

लिपटाए कस, एक पाँख से
पाँख दूसरी—
चंदन का लेप किए
मुक्ता से मस्तक पे—

तुम भीग गए हो
किसी परस, या
हुई सुवास मैं,

तुम्हें देख के ?

फूल कहो, चंपा के ?
☐ 4.9.95

उसे नहीं पता है

एक प्रार्थना होकर
लौट आई हैं,
उसकी
प्रार्थनाएं

एक स्वप्न होकर

लौटे हैं,
स्वप्न
उसके

एक लय होकर
लौटी है,
लय
शब्दों में उसके

उसे नहीं पता है
क्या कहकर वह
इन्हें छुपा ले, अब
किस-किस से
□ 18.9.95

सूखी पत्तियाँ फूल की

क्या इतना भी
नहीं जानते
कि मांगलिक
अवसरों पर
भेजी नहीं जा सकतीं
सूखी पत्तियाँ
फूल की

मैं भेज रही हूँ
तुम्हें
सुवासित
आकांक्षा
जन्मों की,
मेखल

सपनों की,
रंगोली
उत्सव की !

☐ 16.9.95

कसीदा

आकाश पर
कसीदे सा

इतने ऊँचे जाकर

फूल खिला यह
लाल ढॉक का :

उन दोनों के
अनछुए
प्यार सा

☐ 16.9.95

चलो तो सही

कुछ देर
कुछ दूर
चलो तो सही

हाथ की लकीरें
उभरती हैं
रंग-रंग तस्वीरों सी

बालों में झरी

पत्तियाँ
चमकती हैं
भरी माँग सी

छू कर देखो—
दे दूँगी, तुम्हें हाथ में
मैं हाथों से,
सामग्री कंगने की
☐ 18.9.95

कल मिलना है

सोचो न अब कैसे,
कल मिलना है ?

दो पत्तों सा एक संग
क्या खड़े वृक्ष से
झरना है—

या पानी की बूँदें दो
हो धरती में
रिलना है—

या हाथों को रख अधर
बस मूक, दूर से
तकना है—

या झंझा का झोंका
छूकर, साँसों में
बसना है—

सोचो, सोचो, सोचो, साथी,

क्या सच ही
मिलना है ?

☐ 4.9.95

तुम हो

तुम हो,
क्या इससे ज्यादा
माँगा जा सकता है,
पृथ्वी से ?

तुम हो,
क्या इससे ऊपर
पाया जा सकता है,
नभ से ?

तुम हो,
क्या इससे आगे
जाया जा सकता है,
प्यार से ?

तुम हो,
क्या इससे सूक्ष्मतर
कहलाया जा सकता है,
अक्षर से ?

तुम हो !

☐ 18.9.95

यह चुप्पी जो

जाने क्या कहती है

हम दोनों में
जो सहमी सी
रहती है—

कुछ भौंचक्की,
कुछ-कुछ उन्मन,
देखो, बैठी देखे नख,
कभी-कभी चोरी से
दर्पण—

क्या चाहती है,
यह चुप्पी जो
हम दोनों को
बहकाकर,
खुद बहकी रहती है ?

☐ 1.9.95

नहीं सीखा

याद
आती है—
बात इतनी सी
यह कितनी
दूर जाती है

हर बार
गुज़रने को
नदी
फिर वहीं से

हर बार गुज़र
जाती है

बहुत सीखी
नई भाषा
नई लिपि
नई विद्या

नहीं सीखा
मगर पढ़ना
लकीरों को,
जो रस्ता
काट जाती हैं
□ 1.9.95

जान

जान
लेना
ही
तो
अपनी,
जान लेना है
□

क्या कुछ और भी

वह मिला जब,

घर की हद पर
घर से भी पहले उगे

वृक्ष सा, पहचाना,
अपना लगा

तुम्हारे पास क्या
पहचान के
इससे अधिक
प्रमाण थे ?

वह जब बैठा आकर,
उसके साथ कई तरह की
अलग-अलग
घास के रंग और
सुगंध थी, चुटकी भर
कुमकुम सी

तुम्हारे पास क्या
स्वीकार के
इसके अतिरिक्त
कुछ और अनुबन्ध थे ?

वह गया जब,
तो कुछ भी छोड़
नहीं गया—
न कमरे
न कुर्सी
न आस पास के
फर्श पर

तुम्हारे पास क्या
खोने को
कुछ और भी
सामान थे ?

☐ 8.9.95

देखते ही देखते

देखते ही देखते
फट गया आकाश
बीचों बीच से

चली गई धरती भी
खिसक खिसक के
पाँव से

साँस में
साँसे न थीं,
न दिया जलता हुआ ही
रात से

हाँ, पता था
गिर रही हूँ
डाल भींचे
हाथ से

☐ 7.9.95

कुछ तो टूटेगा

तुम मुझसे
टकराओ
या मैं
तुम से,

कुछ तो
टूटेगा—

वह और बात कि

शायद उसमें से भी

आत्म-तोष,
या प्रतिशोध का निकृष्ट बोध
फूटेगा
☐ 7.9.95

जिद

क्रोध और हिंसा का
मिला जुला रसायन,
कुसबुसाया क्या
तुम्हारे तन में

कुसबुसाया था
अवश
आक्रोश, इसी तरह

उस दिन मुझ में—

भूल गया मुझे था
कि कायरों से
युद्ध नहीं होता
मैदान में

बस बचाते रहना होता
अपनी पीठ को—

मैं गिरी,
तो गिरी
ज़िद में,
खड़े/रहने की

न कि
तुम्हारे भरपूर
आघात से
☐ 7.9.95

किया जा सकता है

प्यार
किया जा सकता है
उसको

उसके बाद
उसकी
याद को

कल्पना में
उसके
साथ को

प्यार
नहीं
किया जा सकता—

न उसको
न याद को
न साथ के ख्याल को

प्यार,
किया जा सकता है ?
☐ 8.9.95

पूरा घर खाली था

पूरा घर
खाली था

न आलों में दीये
न दरवाज़े साँकल
न आँगन में आहट
न चौबारे पक्षीदल

क्या इतनी बड़ी जगह भी
पर्याप्त नहीं थी,
कहो, प्यार को ?

□ 18.9.95

यूँ ही होना है

ढूँढ उसे
सारे जंगल में
रोर कर,
चौं चौं ... चीं चीं
शोर कर,
लौटा है घर
शुक अपने/देख रहा है
वहीं शुकी को
बैठे, पथ/आँखों में भर

अब दौड़ रहे दोनों—
एक दूसरे की ओर,
चोंच, चोंच से
घायल करते,
चोंच, चोंच में

पल भर भरते

यह शंका/प्रेम
उन्माद ?
यूँ ही होना है

पिक को पगलाना,
और पिकी को
उन्मत होना है
□

भादों-१

आज नहाती
चली गई,
भादों भीगी धरती

बारिश ऐसी
पहले तो न,
देखी थी

कंधे-कंधे/डूबी झाड़ीं
घुटने घुटने
वृक्ष सभी

कोई धुलकर/साफ हुई
दीवारें/कुछ काली

गली-गली से
नाव चली
घर घर ने
चिट्ठी, डाली

आज नहाती
चली गई—
मन-मृणाल,
अली !

☐ 30.8.95

भादों-२

मैंने
खिड़की के बाहर
अपनी अंजुरी
फैलाई

टप् टप् कर
बूंदें
रहीं टपकती

फिर चू कर
अंजुरी से
नीचे झरतीं

पर कुछ था
सरल-तरल जो,
गई प्राण में
भरतीं

☐ 30.8.95

कान

कोई सपना
बुन लेना,

खाली दिन में

कोई फूल गूँथ कर

भर लेना/बालों में

कितनी छोटी
ये बाते थीं, पर
हमको तब करनी
आती थीं

हम बातों से ही
बातें कर लेते थे,
शायद
इसीलिए नहीं
कहते थे

"बहरे हो क्या,
मुझे सुनो"

वे कान हुए क्या अपने
जो अपने भीतर तब
रहते थे ?

□ 9.9.95

इण्डिया गेट

मेरे साथ साथ ही
अधेड़ हो चले हैं वृक्ष
इण्डिया गेट के

और लॉन भी

कुछ मुझ सा ही

गद्दर और भारी

या ये सब
वैसे ही शोख हैं
जैसे हम तब थे,
नए नए प्रेम में ?

दिखता था
अपने सा ही डूबा खोया
धड़क रहा कुछ,
अतिरिक्त आवेग से

शायद अभी भी
गुब्बारे वाला आता होगा,
और बच्चे माँ से
ज़िद करते होंगे,
इतना आसान नहीं होता होगा
इस चौपट मंहगाई में
गुब्बारे लेकर दे देना
बच्चों के उत्सुक हाथों में,
और आइस्क्रीम
'हिमालय' की
उन दिनों, अब शायद
'मदर डेयरी' या 'क्वालिटी' की

फिर भी,
आते तो होंगे ही
शाम ढले
या रविवार को,

नवविवाहित और

सुनियोजित परिवार
दो-दो बच्चों वाले

माँ के ब्लाउज़ या
रूमाल से
खुलता होगा
नोट आखिरी चुपके से,
बच्चे का आखिर, जी रखने

गुटर-गुटर
कबूतर पर,
गिरते होंगे
पानी के छींटे
फव्वारों से—
बिजली के,
सतरंगे प्रकाश में

इण्डिया गेट खड़ा है, कहना,
क्या केवल इण्डिया गेट पे ?
□

अच्छे-बिच्छे

तुमने पूछा है दिल्ली में
क्या हुआ ?
और मैं सोच में
पड़ गई हूँ,
दिखाई दी सोच-सोच में ही

एक प्राचीन शिला—
जाकर उस पर
दस्तक दी,

थप्-थप् की आवाज़ हुई
प्रत्युत्तर में बोला नहीं
कोई कुछ भी
मैं ने जाना—
दिल्ली बहरी थी

कंधे पर रख
एक विशालकाय चोंगा
बाहों की पूरी शक्ति से
मैंने कितने नम्बर घुमाए,
घूम-घूम कर
आँकड़ों का चक्का
लौट आया अपनी जगह
घर हिले कुत्ते सा
कोई भी नहीं बोला
उधर से

कट्-कट्-कट् सी होती रही
लगातार तार में
मैं ने जाना—दिल्ली गूंगी थी

दिल्ली में क्या हुआ,
पूछा है तुमने—

अच्छा पूछूँगी सुबह-सुबह
दूधिए से,

कि उसने अपने गांव से
दिल्ली तक आते-आते
देखा क्या होता दिल्ली में ?

देखा क्या उस बस को
पड़े कहीं झाड़ी में

जिसमें सोलह वर्षीया
जयपुर से भगी लड़की का
सामूहिक बलात्कार किया
कल रात ड्राईवर,
कन्डक्टर और क्लीनर ने ?

देखा क्या वह पुल जिस पर
सारी झुग्गी बह जाने पर
डरे-डरे पर बहुत सुरक्षित
लोग खड़े/नहीं
पड़े हुए थे
बड़े-बड़े केंचुओं से ?

देखा क्या वह बंद फ्लैट
जिसके भीतर
बूढ़ी महिला की
कई दिनों से लाश पड़ी थी
बोरी में ?

मैं दूधिए से
यह सब ज़रूर
पूछूँगी,
क्यों कि, कुछ भी न हुआ हो

यह कैसे होगा दिल्ली में

वैसे तुम चिंता न करना
हम तो अच्छे-बिच्छे हैं
अपनी अपनी खाल में—
दिल्ली के, बबुआ,
हर सूं हाल में
☐ 9.9.95

भूमिका

मंहगाई और मेहनत से
खीझी माँओं से कहना,
कि बच्चे खीझ उतारने का
सरल-उपकरण नहीं होते
वे उन्हें न मारें
न उनकी 'मरम्मत' के हक में
नई-नई दलील पेश करें

उनको कहो, वे सोचें
जिस घर बच्चे नहीं हुए
उस घर का वैभव
कैसा खण्डराया होगा,
संदूकों में रखे माँ और माँजी के
उसके भी पहले,
नानी जी और दादी के
सेर-सेर आभूषण
रत्न जड़ित, सोने के—

कड़े, हंसली झूमर
कंघीहार, हथफूल,
रामनौमी और कमरबंद
भूल गए होंगे अपनी भूमिकाएँ
भावी-स्वामी के अभाव में,

बहुत उदास हो गए होंगे
वृक्ष घनेरे बिना फूल के,
और सुस्त सब बंगले,
कार, बैंक बैलेंस, जागीर तक
बिन बच्चों की किलकारी के

उनसे कहो, बच्चे हाड़-मांस नहीं हैं,

केवल माँ के हाड़-मांस में—
वे वक्त का हस्ताक्षर हैं
वक्त के ही हाथ में !

☐ 9.9.95

बात कभी जो

बंदिश, उपज, तिहाई में
कथित-कथा हो
पैरों के पंजे,
एड़ी
नख से नख

किसी बड़े हस्ताक्षर सी
वक्ष हवा के,
रह जाती है—

बात, कभी जो
कविता कह जाती है

☐ 8.9.95

गणना

पंक्ति :
जो पढ़ने पर
समझ नहीं आए
बिम्ब :
ज्यों पत्थर गिर
दर्पण चटकाए
लय :
जो दस आगे पग
दस पीछे, जाए

ऐसा कुछ यदि वह
नया कवि कर पाए,
तो कवियों में जाकर
अपना नाम लिखवाए

न तो कागज़ को
कोरा ही,
रख मुंह में
खा जाए !

□

नाता

तुमने देखा शब्दों में
अपने को,
मैंने देखा
शब्दों में
सपने को !

तुमने ढूँढी
अपनी पहचान
मैं पहचान रही
शब्दों को !

फिर भी मेरा
और तुम्हारा
क्या नहीं
निकट का नाता है

जो शब्द जगाता
तुम्हें रात में,

वह मुझ में भी तो
गाता है ?

□

आकाश छूने में

पैंतीस वर्ष लगे
अशोक वाजपेयी को

एक आकाश छूने में

पैंतीस दिन
नहीं लगेंगे
अब छोटे मोटे
अशोक वाजपेयीओं की
भीड़ जमा होने में

□ 3.10.95

माटी के घोड़े

बच्चे मथते गारा—
हाथी गढ़ने,
घोड़ा गढ़ने
धोबी और भिश्ती को गढ़ने
सीता और रावण को गढ़ने
छोटे-छोटे केले,
खरबूजे गढ़ने

गढ़-गढ़ कर रंग मढ़ने,
गेरू के, हल्दी के

चूने या खड़िया के

इसी तरह से
शब्द गढ़ा करते,
सौ तिलस्म नित,
नित मुझ में
☐ 9.9.95

अंत तक

मेरे चारों ओर फैली है जो,
इस झमेल गृहस्थी को
मैं संभाले ही रहूँगी
अंत तक,
और चिड़िया की मानिन्द
चोंच में
भरती रहूँगी
यह बेल बीहड़
मालती की

समय असमय
इन कागज़ों के ढेर से
रेंग रेंग कर बाहर
आ ही जाऊँगी
ढीठ आश्वस्त कीड़े सी

इतना सब करने के
बाद भी, नहीं—
बाद ही,
बची रह जाऊँगी,
मुझे विश्वास है,

कविता सचमुच
लिए कलम मैं हाथ की
□ 9.9.95

सुई

जब नाके की
नोक दिखे न,
सुई में धागा
पहना कर देखो

जब खुरपी दो हाथ
सधे न,
भूमि गोडा के
तो देखो

जब शब्दों में
दीमक दौड़े,
कविता तनिक,
चला के देखो
□ 9.9.95

बहुत दिन हुए

बहुत दिन हुए
तुम्हारे लिए जागे
तुम्हारे संग प्रतीक्षा में
खिड़की में बैठे

तुम्हारे बिना आहट प्रवेश को,
अपनी रगरग में झंकृत होने पर

शनैः शनैः सुने—

बहुत दिन हुए
जागे,
बैठे.
तुम्हारे संग
तुम्हारे अगवानी के
आयोजन में, कविता,
रातभर !

□

बिन विश्वास मिले न

बिन विश्वास मिले न
बोल एक कविता का,
पैरों को आगे, रस्ता,
दृष्टि को द्वार समय का

बिन विश्वास खिले न,
छू चन्द्र, रूप मलयज का,
पद्म कोष पाटल का,
सौरभ तन चंदन का !

पर विश्वास किए पे,
मिले कहीं न जल को
किसी रेत में सोता,

प्यासा घन अम्बर में
हो नील धुआँ, धुआँता ।
रहे आँख का आँसू
पुतली को तैराता !

□

दिल्ली में तो, भैया

वे दोनों
मेरे कवि-मित्र हैं—

एक दिन भर
रत्नों से खेलता है

दूसरा,
अखबारी पापड़
बेलता है

दोनों ही पास नहीं

पर हम तीनों
कविता करते हैं,
कविता पढ़ते,
चिट्ठी लिखते हैं

अच्छा है
वे दोनों
दिल्ली से हैं दूर कहीं—

दिल्ली में तो, भैया
कोई किसी का

म्याऊँ नहीं
□ 25.8.95

सड़कें डूबीं-१

पहला बादल
बरसा

मन हर्षा

दूजे पर भीतर
कुछ उमड़ा,
तीजे पर याद
पियरवा आया

चौथे को देखा
खड़े चकित हो,
और उससे अगले से
जी घबराया—
यहाँ फफूंदी
वहाँ कीच सब
गीली, छत पे
खाटें भीगीं

छठे, सातवें
लगी झड़ी जो
खुलने नभ न
पाया

जुड़े हाथ तब
इन्द्रदेव को :

शांत, देव अब
बह जाए न,
अपनी छप्पड़, मड़िया
□

सड़कें डूबी-२

जैसे जैसे
टूट रहा

नभ-तन
अकुलाए मन :
क्या करते होंगे
जिनको न
छत-आँगन ?

क्या खाते
कहाँ पकाते होंगे,
पड़े पड़े
माटी के घुड़ियल सा
गल न
जाते होंगे ?

हे वारिद घन,
पी-पी कर जल
तृप्त हुई वसुधा,
हरे भरे पल्लव सब,
तरु अघाए

अब करुणा यह

अनंत तुम्हारी
कहीं गरल न हो जाए—

वर्ष गए तक
थामो, मघवा,
अपने रथ ये
बौराए
□

सड़कें डूबीं-३

आए मुश्किल,
न आए मुश्किल,
इस ताबड़-तोड़ बरसते में
हिलना भी मुश्किल

गीले कपड़ों में
गंध सील की,
सड़कें डूबीं
भरी झील सीं

कागज़ गीले
फाइलें गीली,
जूते-मोजे
छप् छप पानी,
ऊपर से कुछ
तबियत ढीली

जाने कवि क्यों
कविता में कहते,

'आया सावन,
मन भाया सावन'
□

उपज

हो सकता है
कुछ और तरह से
लिखा होता—
कुछ, और कहीं से,
बात उठाई होती

हो सकता है
नई उपज से भी,
गंध पुरानी आई होती

हो सकता है
फाड़ फेंकते
लिख-लिख कर
पृष्ठों को

फिर भी क्या न
बात जहाँ है, वह बात
वहीं पे होती ?

□ 9.9.95

दिखला दो

मोती को
मुट्ठी में लो,
धागे को
उँगली पे

जो आया
पहचानो,
जो रीता
बिसरा दो

कहने को तो
बात सरल यह—

यदि कर के
दिखला दो

□ 9.9.95

किन्तु

हाथ और दीया
पहचानते हैं
एक दूसरे को
अरसे से

हाथ तक पहुँचने
दीया
जलता है
लपक-लपक कर
रात में

किन्तु दीये तक पहुँच हाथ,
अभिभूत, लकीरें
पढ़ने लगता है अपनी ही
हाथ में

यों जलते रहते,
दीया और लकीरें—
दोनों दोनों
साथ में

☐ 9.9.95

काम

घोंसले से गिरे
पिछले वर्ष के
तिनके बीनती रही वह
चुपचाप
छज्जे पर बैठी,
धूप को आखिर

कुछ काम था क्या,
कहीं और भी ?

□

सेंध

यहाँ से देखो
तुमने कहा,
वहाँ से
उसने

इस देखने
न देख सकने के
ठीक बीच से,
सेंध लगाई,
चला गया
पल, झट से

□ 9.9.95

खड़े-खड़े

खड़े-खड़े ही सहसा
ढह जाए,
खड़ा भवन

खड़े खड़े हो पैरों में
काँटे की
विष भरी चुभन

खड़े-खड़े ही डूबे
गहरी डुबकी

रह-रह मन

रोक सको तो
रोको,
कविता, इतना आत्म-दलन
□ 25.8.95

सुबह-सुबह दिन

सुबह सुबह
एक पैर हिलता है
और रात भर तन से
लिपटी चादर को
झटक, अलग करता है

सुबह सुबह
एक हाथ उठता है
रात भर आँख में
सोती रही नींद को
हौले से मलता है

सुबह सुबह
एक सूर्य स्नात दिन
दरवाज़े के ठीक
बीचों बीच,
खड़ा मिलता है
□ 12.9.95

नवजाता-१

गहरी रात में
तुम्हारी रोते चले जाने से

चौंकता है
उदासीन घर,
दीवारें
नेत्र खोलती हैं
समाधि भंग,
लॉन की
बीसियों वर्ष पुरानी घास में
उग आते हैं असंख्य
श्रवण-यन्त्र

तुम्हारा लगातार रुदन
मात्र क्षुब्धार्तता ही तो नहीं
सोचता है घर,
किसी वर्जित क्षण का तुम
मात्र प्रतिफल ही तो नहीं,
सोचती हैं दीवारें

तुम्हारी अष्टमासी काया में
केवल ग्लानि ही तो नहीं
सोचती है घास,
देख अकस्मात
स्वाति जल, अपने
निर्जन में !
☐ 1.10.95

नवजाता-२

नहीं, मुझे एक बार भी
नहीं सूझा
कि तुम मेरी नहीं
मुझसे बाहर अन्य कुछ हो

कि मेरी अस्थि और आत्मा से
पल भर पहले
कुछ भी तुम्हारा
परिचय न था

नवजाता !
क्या यह संभव है
कि घूमते-घूमते
रुक जाए कोई घ्राट,
दो नितांत भिन्न छोर
बंध ले सहसा
एक अभिन्न कोर हो,
सम्बन्धों की अलक्ष्य डोर

और भोर होने पर
हम दोनों की
दो नहीं,
एक ही हो
पहचान ?

☐ 3.10.95

मीना को जल

मीना को जल
पक्षी को दाना,
तरुवर को रंग
मरुत को गाना,
मुझमें कविता
कविता होकर

आना,

आना,
आना
☐ 20.9.95

जी करता है

(अगस्त 1995)

आस

इस बहके से मौसम, मितवा
बहकी सी,
मनुहार तो हो

थिरक रहा है केकी, किंतु
सखा कहीं पे
पास तो हो

नहीं पास में यदि पियरवा
आने की कुछ
आस तो हो

☐ 29.8.95

नदी-१

एक दिन अपने से अपने को
चोरी कर,
यदि नदी
चली गई जंगल के रास्ते
पाने अपनी थाह कोई

तुम इसको—

इस जाने
और चाहने को,
इस चोरी और
चलने को—

क्या कहकर
स्वीकार करोगे ?
किन शब्दों में
जूझोगे पक्षधर हो किसके ?

या 'प्रश्न सभी ये
बेमानी है' कहकर
कह दोगे :

भले करे कुछ,
नदी, नदी है ?

□ 12.8.95

नदी-२

खड़ी नदी का जी करता है,
खो जाए वह
गहरे कहीं मरु में

या एक शिला हो
उग आए
अन्तहीन सागर में

या एक लिखावट हो
लिख जाए
आदिम किसी गुफा में

या एक लक्ष्य का
सायक हो
गड़ जाए प्रिय-सपने में

खड़ी नदी का जी करता है
□ 13.8.95

मिथक

सुनते हैं कि चीन देश में
एक पंख की चिड़िया
धरती पर लंगड़ाती रहती है,
किन्तु जब उससे आ जुड़ती
वैसी ही दूजी चिड़िया,
तब उड़ती हैं दोनों
दो पंखी, सम्पृक्त हवा में

हो सकता है यह
मात्र मिथक हो,
या सच भी हो सकता है

सच हो या सच न हो
इसमें तुमको क्या जो,
पहचाना-सा लगता है ?
□ 17.8.95

तुम्हें लिखा है

इस साल बहुत देर से
बारिश आई। और आई तो
ऐसी धुआंधार

कि चारों ओर बस पानी का पर्दा है

कुछ दिखाई नहीं देता
एक अंतहीन स्लेट सी सड़क
धुली पुंछी साफ है

हर पक्षी, जंतु और प्राणी
अपने-अपने बिल या कोटर में
बिला गया है ।
पार्क की हद पर खड़े
'एलसटोनिया' के पत्ते,
चिकने, चमक रहे हैं
खुले हुए हरे हाथों-सा

मेरे चारों ओर सहसा
मिर्च और मेथी की गंध है,
यद्यपि रसोई में कोई नहीं,
किवाड़ बंद है । तुम्हें तो
मालूम है कि मुझे खाना पकाना
कितना नापसंद है—किंतु
यहां होते तो, मैं नहीं,
तुम कुर्सी पर बैठ होते,
और मुझे रसोई में तलना होता
खड़े-खड़े । उबल रही चाय के संग
गर्मी में कुढ़ना होता,
कि यह भी कोई बात है
जरा हुई न बारिश
और दस गज़ लम्बी फरमायश है
किंतु मैंने यह खत
तुम्हें लिखा है । क्यों ?
यह तुमको शायद ज्ञात है ।

□ 19.8.95

परिधान

रातरानी सा तुम्हारा
खिलता है ख़याल,
खयालों में। कोई बेल तो नहीं यह,
बो दूं जिसको
दरवाजे पे अपने

बस अद्‌भुत गंध है,
भर भर, उद्वेलित करती सी,
मुट्ठी में

और सामने,
गहरी उदास रात,
काले परिधानों में

☐ 13.8.95

दूरी

कौन कहता है कि
दो महानगरों में दूरी
सदा एक सी रहती है?

मैंने देखा है
आते-आते उनको
इतने निकट कि ज्यों
आमने सामने
बने हुए दो घर हों—

खिड़कियां देखी हैं मैंने
खुलती उनकी,
एक-दूसरे के आंगन में, और

विलय होता शोर वाहनों का,
उग आता, आस-पास की
वनस्पति में सन्नाटा;
हड़बड़ाकर नहीं चलती
दीवारों पे कोई घड़ी

मैंने देखा है—
दोनों को, बांध आंख
खड़े टकटकी

☐ 12.8.95

संध्या स्वप्न

पिछले रविवार सी ही
आज फिर
सावन की बौछार है—

पूरे एक सप्ताह बंद
रखा था जिन यादों को
देख शाम बारिश की खाली
घेरा है फिर आकर मुझको

अब क्या कहूं इन्हें
इनको क्या नाम दूं ?

जिसका नाम जुड़ा है इनसे
वह नहीं यहां, कहीं और है

☐ 20.8.95

विद्युत

इस शोर भरी शाम—
घर और फोन की
लगातार बजती
घंटियों के बीच
तुम्हारी आवाज
मेरे वक्ष में
उस पक्षी सी उतरी
जो घिरते अंधेरे में भी
ढूंढ लेता है
वृक्ष अपना

अब चुप बैठा है पक्षी
कुछ भी नहीं
सुनाता है,

फिर क्यों मेरी
पोर पोर में, विद्युत सा यह
झनझनाता है

☐ 12.8.95

प्रतीक्षा

कविता के बाहर मेरा
अस्तित्व बस इतना ही,
जितना ताल के तल पे
बूंद गिरी वर्षा की

अब यदि तुम वर्षा में
चाहते हो भीग नहाना,
हाथों में भर-भर उसको

अधरों तक ले जाना

तब तुम को संग मेरे
करनी होगी प्रतीक्षा
किसी जन्म में आऊंगी मैं,
हो सिर्फ तुम्हारी कविता

वचन
मेरा
□ 12.8.95

जड़

अंतिम हो ही जाता है
लिखा किसी को गीत,
लिखे गीतों में

थक जाते हैं शब्द
फूल से, शाम ढले
वृक्षों में

झर जाता है कौतुक,
झरे हुए पत्तों सा
उषा में

रह जाती है कहीं
छुपी जड़, लेकिन
बीच जड़ों में

चाहे शाखाओं से
दिखते हों दो हाथ,
खुले हाथों में
□ 13.8.95

प्रेम और कविता

प्रेम से बड़ी नहीं होती कविता
किंतु अब
प्रेम बहुत छोटा लगता है
कविता में—

ज्यों कमरे के अंदर
फूल अकेला
फूलदान में :

वह कमरा
जिसके कोने में

रखा मेज पर
फूलदान है,
कहीं अधिक दिखता है
खड़े फूल से

दिखता है कमरे के बाहर
ज़ीना,
और ज़ीने के पीछे
खुले-बंद दरवाजे,
सोए हैं जिनमें या
जाग रहे
अधिकारी कमरों के
सुनती खटपट पकते खाने की
और खिड़की के नीचे
हफ हफ करते वाहन से,
भर भर जाती
गंध विषैली, सारे घर में

प्रेम बहुत छोटा

क्यों, लगता अब
कविता में ?
□ 5.8.95

और कोई है

पहले पास नदी थी,

जब जी करता,
नाव चला लेती थी

पहले पास में वन था,
तिनके लेकर पूरा
घर एक बना लेती थी

नाव खड़ी है
नदी नहीं है—

घर है, वृक्षों की
छांव नहीं है—

मैं हूं, या यह
और कोई है ?
□ 20.8.95

विच्छेद

आई पास लहर
चली गई,
अपने ही टीलों पर
रेत रही चुपचाप पड़ी

हिल आए धीरे-धीरे
जलपोत कई
उनकी झलमल से
झलमल, जल होती रही

सुबह नहीं थी रेत
कहीं अपने टीले पर

जाने किस सैलानी की
मुट्ठी हो वह चली गई
□ 16.8.95

पंजा

कोई तिलस्म
नहीं बचा

बस स्वीकार
अपनी हार का
छोड़ दिए सब वाण
बिना लक्ष्य के

पड़े हुए होंगे
वे निश्चित
सावन में
पंखों सा मोरों के

तुम उनको बटोर लो
आपत्ति नहीं मुझे
केवल प्रतीक्षा
अगली ऋतु में

नाचूं देख नये नये
उगे पंखों को,
न कि फूहड़ पंजों पे
आँसू नौ-नौ रो के
☐ 18.8.95

दरवाजे

बहुत कहा करती थी माँ
दरवाजे को
बंद नहीं करना
जाने कब किसका आना,
किसका जाना
हो जाए

किंतु दरवाजे
खुले कहां रहते हैं ?

यहां चढ़ी माथे पर त्योरी,
यहां बात मुंह की कुछ ओछी,
यहां रेत आँखों में झोंकी,
यहां हुआ मन, मन से रत्ती,

जाने कैसे दरवाजों को
मिल जाती इन सब की सूची
हो लेते हैं बंद ठक्क से
क्षण भर से भी वे पहले ही
☐ 14.8.95

सांझ साथ लाई है

चलो, आज चुप ही सही,

चलो, कपाट बंद ही सही

चलो, कलम सूखी है
चलो, फलक स्याही है

पर इतनी क्यों घोर उदासी
यह सांझ साथ लाई है ?

□ 7.8.95

बार-बार मैंने

बार बार मैंने

अपना हाथ बढ़ाया
बार बार तिनका पर
पानी में ही छूटा

मैं सोच रही थी
डूब रही मैं,
लेकिन नियति बचा रही थी
स्वायत्त मेरा टूटा

□ 2.8.95

आँगन बुहार दिया जाता है

पल्ला जब झाड़ दिया जाता है,
आँगन बुहार दिया जाता है,

कैसा उचटा उचटा सा
लगता है सब

लगता—

कस-गांठ लगी पोटल हो,
यहां वहां बच्चे का
मोजा या चप्पल हो,
गिरी हुई बेंदी हो,
फटा, पुराना खत हो

पल्ला जब झाड़
दिया जाता है,
आँगन
बुहार दिया जाता है
□ 4.8.95

अनजान

पंखों,
रोशनदान,
बंधी चिक की सुरक्षा,
या कभी कभी
गीज़र के पीछे
जगह—

इतना ही तो
मांगती है चिड़िया
तुम्हारे घर में
अपना स्थान—

अनजान !

खोला पंखा,

बंद रोशनदान,
झाड़ी चिक,
गीज़र का स्विच ऑन

कागज पे रख
झाड़ू से,
फेंकी चिड़िया

कूड़ेदान
□ 25.8.95

स्वीटी पाशा जैकी

प्रेम नहीं किसी को,
चाहिए अब
रस्सी से बंधा
संग चलता या बैठा,
छोटा झबरा कुत्ता—
स्वीटी...जैकी...पाशा...
जो खाए, दें उसे
हाथ से,
बैठा फिर कमरे में
रहे ताकता
भक्ति से

और यदि कभी
आफत आए तो
जान लगा कर
भिड़ ले उससे

मैंने देखा है
बैठे उनको,
कमरे-कमरे

अब तुम को यदि
ज़िद प्यार की,
तो देखो तुम सपने
□ 17.8.95

जी करता है

जी करता है,
क्या कभी
तुम्हारा भी ?

पेडों के नीचे
फिर टाट बिछे,
मास्टर जी कुर्सी पर
बैठे हों,
और स्लेट पर
एक दूनी दो
दो दूनी चार
लिख लिख के
रटते हों

कौए की जब
बींठ गिरे तो
पीछे उसके
भगते हों

भूल गए यदि कभी पाठ तो
कनखी कनखी

तकते हों

मिली अगर
'शबास' पीठ पर
गुब्बारे सा
फूल गए दिखते हों

जी करता है !
☐ 5.8.95

इतनी चुप्पी है

कल का दिन
और रात,
दिन आज का भी
और रात—

पंख गिरे यदि
खंजन का भी
आहट होगी—

इतनी चुप्पी है
☐ 14.9.95

जी करता है उसका भी

बाल कटे हों,
जी करता है उसका भी,
होंठों पर लैक्मे हो,
और कंधे पर बैग झूलता

हाथों के, बरछी से
नाखून बड़े हों,
और सेंडल की ठक-ठक में
नेलपेंट की झांके लाली

दस बजते ही
जल्दी-जल्दी
मैडम दफ्तर और
साहब कॉलेज

घंटी सुन दरवाजा खोले
तो खड़ा वहां हो
वह भुट्टे-सा-गोरा
चौकीदार, नेपाली

जी करता है
धक्-धक् धक्-धक्
उसका भी
देख-देख केबल पर
फिल्म प्यार की
इतनी सारी दोपहरी !
□ 17.8.95

अपनी कविता

जब उन्हें पता चलता है कि
वह कविता करती है
तो कुछ उन में से
घबरा सा ... नहीं, शरमा जाते हैं

जैसे चोरी करती है

या टांगों से आधी उघड़ी है

और कुछ को होती है चिंता,
"पढ़ लिखकर भी
यह क्या पगली है ?"

कुछ-कुछ में उमड़-घुमड़
आता है वत्सल रस सा—
"शायद बेचारी का प्रेमी से
विवाह नहीं हुआ, या
पति पियक्कड़ हो, और निखट्टा"

बाकी के अधिक सयाने सब
जल्दी से नापा करते रस्ता
उन्हें पता है, अभी कहेगी
सुनो सुनाती हूं, कल
रात लिखी जो
तुमको अपनी कविता !
☐ 17.8.95

पान

हर कवि के पास नहीं होती—
अधिकारी या अखबारी सत्ता

मर-मर कर लिखता है
फिर छपवाने मरता है

छपने पर बांट-बांट थकता है
बंटने पर दो बोल तरसता हैं

पर कवि करता ही आखिर

क्यों, कविता है ?

शब्द नहीं, यदि पान लगाए तो
सच, माल माल हो जाए वो

कहो उसे दे थूक पीक सा
उत्तर और आधुनिक

बस, प्रेस क्लब के बाहर
अपनी दुकान चलाए, वो
□ 21.8.95

संध्या

बाहर ये भीगी सांझ,
गई-गई बारिश की,
जी करता है,
बिना बताए आ पहुंचे
साहित्यिक मित्रों की टोली
फिर गर्म गर्म चाय पर
गर्म गर्म बहस हो,
टांग खिंचे कविता की और
हो कवि की खूब धुनाई :

"भई, लिखना तो कोई

गालिब से सीखे—
यह खलिश कहां से होती
जो जिगर के पार होता...
अब तो प्यार की जैसे
तमीज़ नहीं कविता को,

हां, सुनीता जी, आपने तो
बहुत सारी प्रेम कविता लिखी हैं।"

"लिखी तो हैं—
पर कौओं के लिए नहीं..."
"जाने भी दो, यार, इनका
अभी अभी नमक खाया है,
चलो, यह शाम आज नाम इनके सही..."
☐ 20.8.95

टू मैडम विद लव

कुछ पास-पास बैठे हैं
कुछ छितरे से,
अपनी चालाक आँख से
देख रहे। कॉलेज का
पहला दिन है।

दरवाजा खुलता, धीरे से
वह अन्दर आती...

"शिट! लेडी टीचर!
अब इससे पढ़ना होगा क्या?

सुनो, क्या कहती है?
लाना लिखने को कागज
और किताब कोर्स की!

जैसे मग्गू कहलाना है हमको
हर लड़की से कॉलेज की...

मैंडम रिपीट करेंगी...

यह उपन्यास आपने कहा,
'क्लासिक' है । पर यह तो
अपने-अपने मन की बात है ।
इसका उल्टा भी तो
सच हो सकता है..."

"हां, सच तो हो सकता है"

सोच रही वह—
सच यह भी कि
कुछ बनने भेजा था
घरवालों ने तुमको,
विद्या पढ़ने । किन्तु
पढ़ पढ़ कर यह लगभग
-निशुल्क पढ़ाई
होते जाते हो
तुम मूढ़ अशिक्षित—
पूरे जंगली । दस हजार हो सालाना
फीस यदि कॉलेज की,
तब सीधी पीठ पढ़ेगा
हर गोविन्दा, चंकी...

"हैल यार ! बहुत बकती है
कल से 'मास-कट'
करो क्लास का इसकी ।
ये औरतें क्यों करती हैं जाने
इतनी टीचरी ?"

☐ 18.8.95

गई सावन की कविता

सावन के संग
गई सावन की कविता
अब सर्दी-से
पहले-की गर्मी—

टप टप टपके
आँखों में,
माथे का पानी

उफ !
इसी पसीने से तो
कहते हैं
मोतिया बनती !

सड़कों पर
न स्कूटर, न
टैक्सी

इस ड्राइवर के बच्चे को
अभी मौत

आनी थी

कितना कुछ भी
कर लो, इनकी
नीयत नहीं भरती
चला रहा होगा
चोरी से
किसी और की गाड़ी

कल आकर, मुंह

लोमड़ सा लटका बोलेगा,
"सॉरी मैडम, पेचिश लग गई"

☐ 17.8.95

अंधेरा-१

बिजली के जाते ही
अंधे हो गए घर,
सड़कों पर बिछ गई
एक बड़ी काली चादर

वृक्ष डर गए
अपने ही सायों से

पहले से तेज तेज
बजने लगी
चौकीदार की लाठी

और मैं ढूंढ ढूंढ
कविता को

थक, सोफे पर
सो गई

यों सुबह होने तक
अंधेरे और अंधेपन में
सन्धि सी हो गई

☐ 11.8.95

अंधेरा-२

'अंधों में काना राजा' को चरितार्थ करता
इधर उधर किसी घर में
इक्का दुक्का बल्ब जल रहा है,
और जेनरेटरों का क्रंदन
इस अंधेरे की घुटन को
और भी असह कर रहा है

जाने 'लोड शेडिंग' है
या बिजली-घर में
कोई यान्त्रिक 'फाल्ट' है,
पर तन से छूट रहे पसीने को
एक ही बात है

कूं. .कूं करता जाग गया है
बाहर धोबिन का बच्चा
अभी अभी धोबी भद्दी सी
गाली दोनों को देगा

☐ 12.8.95

बच्चे

बच्चे ताकते हैं
अपने से ज्यादा
दूजे की मुट्ठी में
पकड़े हुए रुपये को

"कितना पैसा है ?"
सोचते हैं बच्चे,
"माँ के, या रिंकु"
टिंकु के पापा पे ?

क्यों वह पैसा
मुझे नहीं मिल सकता ?
क्यों मैं 'आर्ची' की
'गिफ्ट शॉप' से
अपनी जेबें नहीं
भर सकता ?
ये सब बड़े...
क्या करते हैं
इतने पैसे का ?
इन्हें तो पैसा खर्च
करना भी नहीं आता !"

सोचते हैं बच्चे—
"अब ये सब तो
बच्चे होंगे नहीं
मैं ही यदि

कहीं बड़ा होता !"

सोचते हैं बच्चे बार-बार,
देख कर
बड़ों को
□

रहने दो

रहने दो बातें, ये
बातें बहुत बड़ी हैं—

मुझको छोटे छोटे
करने हैं कुछ काम

संगवाना है फैले बिखरे
घर को,

रखना है फाइलों में
कविता को,

देने हैं पैसे कुछ
टाइपिस्ट को,

रखना है व्रत मौन अभी
इस मन को,

कहने दो उनको, कहने में,

घातें बहुत बड़ी हैं
☐ 14.8.95

कहने को

अपने कहने को सहना
पहले स्वयं होता है

छलनी में छान-छान शब्दों को
फटक सूप फिर
कागज पर बांध-बिठाना होता है

धीरे-धीरे उनमें
पक आए अर्थों को
चख, सीज, रिझाना होता है

तब कहीं परोसा उनका
कहीं पठाना होता है
☐ 15.8.95

मध्यान्तर

कमरा अब प्रतिदिन
और अधिक धुंधलाता है

आँखों को अंगूठा ज्यों
भीतर कहीं दबाता है

पृष्ठ पर चींटी से
इधर उधर
चलते हैं अक्षर

माथे से माथा ही
अलग हुआ जाता है

जाने
उसको कैसे
भूल गया था—

हर नाटक में
मध्यान्तर तो आता है
☐ 15.8.95

कविता बहुत तरह से

कविता बहुत तरह से
लिखते होंगे
लिखने वाले
मैंने दो तरह की
जानी है :

एक : कुर्सी पर बैठ
लिखी जाती,

और वह ऐसी ही होती
जैसी मेरी ये पंक्ति--
बस उतना ही कहती
जितना समझाती
उसकी छोटी गागर में
सागर की थाह नहीं होती

दूसरी : धड़धड़ाती रेल सी

अपनी पटरी को रौंद
उसी पर बह जाती
कब ? जब उसकी इच्छा होती ।
यह तन और भाषा का
यदा कदा आलिंगन
निर्मम मर्दन—
पीछे बस हल्की सी सिहरन
न कुछ कहती है, ऐसी कविता
न कुछ समझाती
पानी है यदि वह तो
पी कर प्यास बनी रहती
ऋतुओं-सी अर्थ बदलती किंतु
वह ठहरी घड़ी हुआ करती
□ 20.3.95

कवि जब

तुम कहो, तुम बेहतर कह सकते हो—
समसामयिक बर्बरता,
मानवीय असहायता,
इतिहास-जनित विषमता

तुम कोलाहल में भी

सुन लेते हो
शब्दों को, चाहे धुआं-धुआं,
गुन लेते हो संवेद, भले
लिपटा-कराह

मैं यदि कवि हूं तो कवि जब

हाथ पसारे नीरवता,
खुले कपाट गोपन का,
दर्पण हो ले मुझको
अन्तर्तम मेरा

तब कहती मैं जो कुछ कहती,
शब्दों से मिलता, बाद कहे ही
मुझको मेरा अता-पता !

□ 18.6.95

जाने किस दिन

जाने किस दिन
उसके दिनों ने
समझौता कर लिया
कि बस फाइल का
इधर से उधर करना
कुछ टुच्चे फैसलों को
घोषित करना,
कुछ ओछी बातों पर
बकर-बकर हंसना,
खाना और सोना,
बड़ की जड़ों सी
फैल रही अपनी काया को

देख तुष्ट होना,
पर्याप्त काम है
दिनचर्या को ?

जाने कब उसको भी
स्वीकार हो गया यह सब !
और एक बार भी उठा नहीं हाथ,
कुछ भी रोक देने
कानों को उंगली से
ढंका नहीं
न रात में
एक बार भी
करवट बदली, या
अपने से पूछा—
क्या आज का दिन
दिन था ? या
दिन था आज नहीं
□ 9.5.95

क्या दिन पर्याप्त नहीं था ?

टेलीफोन की घंटी
बजती रहती है,
उसके सपनों में !

होती रहती है
मार पिटाई
औरों में
घमासान युद्ध
भयानक जो
देखा नहीं कभी

जीवन में

क्या दिन पर्याप्त नहीं था
दिन के टुकड़ों में—
जो अब रातों ने भी
इतनी, कमर कसी है
रातों में ?

☐ 28.5.95

श्वास

हाथों को यह ज्ञात है कि
हाथ अपने,
एक भी तिनका नहीं

आँखों को यह याद है कि
आँख को ये
स्वप्न अब रुचते नहीं

पांव को यह जिद कि
उठ फिर
रास्ता चुनना नहीं

अब करें भी तो करें क्या ?

बस बची है शब्द-शक्ति
श्वास जिसमें कैद है—

और अपनी श्वास को
इस बात का आभास है

☐ 15.8.95

किस किस के आँगन में

किस किस के आँगन में
अब चिड़िया तुम जाओगी
किस किस बैठ मुंडेरे
वन-गीतों को गाओगी

ईंटों का जंगल से
कुछ भी क्या नाता है ?
स्वयं ही जल जाओगी
जो इतना उर दहकाओगी

सोने दो उनको जो
भरी धूप में सोए,
जाग गए, तो उनसे
तुम सच ही थर्राओगी

अब किस किस के आँगन में
चिड़िया, तुम जाओगी !

□ 6.8.95

केवल हाँ, केवल न

बहुत कुछ
कहा जा सकता है
बारे में,
हाँ या
न
के

बहुत कुछ
पक्षधरता हो सकती है,

हाँ
या
न के
पक्ष में

बहुत कुछ...

नहीं !
केवल
हाँ
केवल
न

☐ 19.9.95

सूत्रपात-१

उस अचेत क्षण में भी
इतना तुमको चेत था—
बोली थीं :
"देखो तुम भी, लक्ष्मण,
मेरी गर्भावस्था ।"

वह मात्र नारी का
हाहाकार नहीं था
एक चुनौती थी

पूरी सृष्टि को,
त्यक्ता का
प्रतिवाद था—

अपना तन विगलित होने का
रोष नहीं,

प्रश्नचिह्न लगे
सन्तति पर, इसके प्रतिकार का
सूत्रपात था :

अश्व यज्ञ का
रोकें बेटे,
बेटों को न क्या
दिया तभी आदेश था ?
आएं पिता स्वयं चल
जंगल
यह बेटों का भी क्या न
उस क्षण,
जननी को
मूक वचन था ?
☐ 23.8.95

सूत्रपात-२

तुमने पूछा था—

"जब वे पूछेंगे कि
किसलिए,
त्याग दिया तुमको

उस महात्मा ने,
तब कहो, मैं क्या उनसे
अपना अपराध कहूंगी ?"

तुम्हारे इस अनुत्तरित प्रश्न में
संकेत नहीं था क्या,
उस दारुण प्रण का,
जो वर्षों बाद

भरी सभा से,
उठा ले गया,
फिर वसुधा की
गोद तुम्हें ?

□ 23.8.95

झाड़ी

एक झाड़ी-सी चुपचाप खड़ी हूं
जिसकी जड़ें दूर-दूर तक
खोजती हैं वही
सौंधा सम्बन्ध—

भीगी मिट्टी सा
उसने आटे सा,
पकती रोटी सा,

हल्दी-उबटन सा,
पिसी हुई मेंहदी सा,
रचे हुए हाथों सा,

तुलसी के थाले सा,
चांदी के गुच्छे सा,
चुपके से दिए रुपये सा,

पैरों पे अलते सा,
ढोलक पे गीतों और
चुन्नी पे गोटे सा—

किन्तु नहीं कहीं तुम !
झाड़ी में से झांक रहा,
केवल खालीपन ही, माँ

□

पूछ रही

यदि छिने नहीं होते,
माँ के रहते, माँ का दूध
और गहरी वत्सल गोदी

यदि छिने नहीं होते
सयानी होने से पहले
छांव पिता की सघन, और
नगरी असीम सत्ता की

यदि छिने नहीं होते
पति रहते भी, कर्मक्षेत्र में
साथ, और मिली पति से
पत्नी-सुलभ सुरक्षा भी

यदि छिनी नहीं होती

कद्दावर बच्चों के विदेश गमन पर,
माँ के अधेड़-तोष की
वह तथाकथित लाठी

तो सच ही,
भीड़-भाड़ में रम
सम्भवतः मैं, करुणाकर,
पहुंच आप तक न पाती

फिर भी पूछ रही हूं
कहना, क्या इतना
लेने/देने से पहले
हम दोनों में दूरी थी ?

□ 19.8.95

कागज

जागने को तो जागी रहती
मैं बाकी की भी रात अभी

कहने को होती कुछ तो
कहती अपनी बात अभी

लेकिन ये कागज तो
सारे के सारे खाली हैं

कुतर गए फल ज्यों और
भौंचक्के से माली हैं।

☐ 14.8.95

कार्तिक

अंतहीन निशि
कार्तिक की—
शुष्क पात सा,
उड़ गया जी।
अंधेरों की पर्तों में
पर्तें अंधी सी

कुछ तो सांसों से
सांसों को,
करनी होगी संधि—

क्या जाने कब हो चेतन की
अवचेतन में परिणति

☐ 24.8.95

अहिल्या

क्यों आपकी अनुकम्पा से
सहसा वंचित हो गई हूं

किसी सपने में
चलते चलते
उखड़ी सी सो गई हूं

बार-बार चौंक-चौंक
जगती हूं,

जैसे कोई
प्रतीक्षा सी करती हूं

किंतु पथराते ये
हाथ-पैर कहते हैं—
कि अनजाने अपराधवश
फिर अहिल्या हो गई हूं ?

□ 11.8.95

किसी ने रोका होता

मैं एक बार फिर
सोच में हूं
कि बढ़ूं—
बढ़ना भी चाहती हूं
या खड़ी रहूं

कोई भी रास्ता
पहुंचा ? पहुंचना था भी

क्या ?

नहीं
जानती कुछ,
आज तक
जिया या
सपने में
प्रतीक्षा करता रह गया
हर दिन मेरा

मर्म इतनी
ऊहापोह का,
और आत्मनिरीक्षण
प्रतिपल,
प्रतिपल का
किसी ने रोका,
टोका होता
कहकर,
रुक

कहकर
जा !
□ 18.9.95

कि...

कि उसकी नोक पर
ओस आई थी
और
चली भी गई
नहीं बता सकी दूर्वा

वृक्ष के इतने

गझिन पत्तों में
झरे फूलों की
कितनी स्मृति थी,
वृक्ष ने नहीं कहा

तेज हवा के संग
उड़ गया जो
गत वर्ष का घोंसला,
वह बया के किस उन्माद का दस्तावेज था,
हवा को नहीं पता था

नहीं बता सकी लेखनी भी
कि उसकी सूखी नोक पर
स्याही ने अंतिम क्या
और कब लिखा

□ 5.10.95

हैरान है नदी

हैरान है नदी
कि वह सूख गई है

विश्वास नहीं होता—
बार-बार लौट कर
देख रही है,
हां, ये तो हैं
दो कूल
और उन दोनों की
दूरी
वैसी की वैसी
लेकिन...

कुलबुल करते अब
जलचर हैं तलछट में,
हर-हर करती लहर नहीं

जलता है सूरज
सर पर
शीतल जल आर्द्र नहीं

पीछे से आता
लहराता,
आगे ले जाता
आवेग नहीं

छल-छल
कल-कल
संगीत नहीं

चुप्पी है !
यहां वहां
सारस की कर्कश
चीख नहीं—

नहीं जगाता
मन्त्र कोई बड़ी भोर में,
अब कैसे हो सूर्य-स्नात
फिर से नदी !
☐ 27.9.95

अकेले में

अकेले में
आवाज सुनाई देती है

अकेलेपन की—

सुनो घास में हरी टिड्डी,
वृक्ष पर ठक् ठक्
कठफोड़वा की,
अलमारी के पीछे
लगातार झींक झींगुर की,

सांय सांय छत पे
पुराने पंखे की
और सारे घर में
उसांस भरता समय

बीच-बीच में
नींद से चौंकता
टेलीफोन का चोंगा,
और मन की किसी भित्ती पर
उभर कर आते रंग

बिजली के प्रकाश से भ्रमित,
रात में ही झर रहा हरसिंगार टप्-टप्
और कहीं आस पास
स्वप्न गंध

अकेलापन
अकेला नहीं होता
कभी सुनो मेरे संग, बज रहे
उसके अनंत, मूक
मृदंग
☐ 19.9..95

क्योंकि अब पहले से

क्योंकि अब पहले से
चाल बहुत धीमी है,
पैरों के नीचे पैरों की
छाप बहुत गहरी है

क्योंकि अब आँखें
पहले से धुंधली हैं,
यादों में यादें आ
मेहंदी सी रचती है

क्योंकि अब बोलों में
ठहरी सी सर्दी है
बातों में बातें आ
ईंधन सा भरती हैं

☐ 19.9.95

वर दे

जिह्वा पे अनल-शांत, दे
उद्वेलन उर संवेद भरा, दे
आखर-धन अथाह अछोर, दे
दृष्टि को बेधन-शक्ति, दे

हे वीणा वर दण्डमण्डित करा,
वर दे !

हे श्वेत पद्मासना, भगवती,
वर दे !
हे विश्वरूपे, विशालाक्षी,
वर दे !

•

यह मेरी नहीं है,
आपकी आवाज

कल-कल निर्झर
नीरंध्र निनाद

व्योम के आर-पार
रंग-रंग का
रंग-रंग में आर-जार

•

हवा के वक्ष
गेहूं की,
पकी दोलती बाल
यह विराट,
अनवरत
क्रीड़ा !
मेरा लघु-
सीमित हाथ

☐ 15.8.95

सीधी कलम सधे न

(जून-जुलाई 1995)

शब्दों को खतरा है

शब्दों को खतरा है
शब्दों से

रखो उन्हें हड्डी सा भीतर
चाम मौन का मढ़के

बचे रहे कुछ तो ही
तो कह पाएँगे ?

भीतर की खंदक में
गंधक कर उनको
ढलने दो लावे में

ये जिनके हथकण्डे हैं,
सीखो तुम भी कुछ
उनसे

शब्दों को खतरा है
शब्दों से ।
☐ 14.7.95

नहीं चलेगी

नहीं बाबा नहीं—
यह भाषा नहीं चलेगी

प्रसन्न को
खुश लिखो
व्यक्ति को
आदमी,
और यह क्या
मृत्यु ?
मौत ! मौत, लिखो ।

क्या कहा ?
ईश्वर ?
छी...छी...
वह तो कब से
है ही नहीं

सच्ची, तुम्हें आज का
कवि बनाना तो
लुकमान हकीम के भी
बस का नहीं

देखो भई,
ये नदी, पत्ते
फूल, पक्षी
ये सब कुछ भी
अब नहीं होते

बस बर्तन, भाँडे
कपड़े, चप्पल
झोला, ऐनक, कारपोरेशन

की टोंटी का पानी

वगैरहा, वगैरहा ही
हमारी स्थिति का
सच हैं
इसलिए हम उनको
लिखते हैं...
हाँ, यादें-वादें-वे
भी कुछ नहीं—

प्रेम !
सुनो, मैं तुम्हें
शायद नहीं समझा पाऊँगा
कि प्रेम भी ईश्वर की तरह ही
मर चुका है
और कविता में
उत्तर आधुनिकता का दौर है

इसलिए
मेरा तो तुम पीछा छोड़ो और
किसी रिवाइवलिस्ट का
चेला हो लो !
□ 8.5.95

कम नहीं

मैंने सोचा था
ये कुछ
घरेलू मनमुटाव हैं
या अपनी-अपनी
पसंद का

मसला है ।

नहीं !
यहाँ तो पूरा
असला है ।

तुम्हारा 'मेनिफेस्टो'
और एलान
कि कविता टेंशन
को 'कन्वे' करे
तो कविता सफल,
नहीं तो गिरे अपने
मुँह के बल ।

तुम्हारी मजबूत किलाबंदी
किसी भी मोर्चे से
कम नहीं
तुम्हारा एक दूसरे की
पीठ पर हाथ
युद्ध की स्ट्रेटेजी से
कम नहीं

लो, मैं भी
तुम्हारी तरह
धड़ाधड़ अंग्रेजी
बोलने लगी

जरा मुझे अमरीकी/और जर्मन लेखकों के
कुछ 'कोटेशन'
कुछ वाक्यांश जुटा लेने दो

फिर देखना
मैं तुम्हारे ही

जमघट में
तुमसे, बंधु
कम नहीं।
□ 8.5.95

याद आया?

याद आया,
तुम्हें तो औरत
पसन्द ही नहीं

'औरतें क्या
लिखती भी हैं?'
एक दूसरे से कह
घी-घी कर हँसते हो,
गिलासों में
मदिरा भरते हो

इन शहरी लेक्चरारों को
एम फिल (!) या
पीएच डी (!!) करवा-करवा
तुम भूल गए हो
कि बनारस
या भागलपुर में

माथे पर बिन्दी चेपे
बालों में सिंदूर थोपे

वह अभी तक वहीं बैठी है
जिसके संग
माँ ने बचपन में
भांवर फेरी थी,

नहीं ! नाक में
नकेल गेरी थी ।

□ 8.5.95

रामदास

रात रामदास गली में
मारा गया,
या रामदास
मारे जाने की आशंका से
बैठा रहा हाथ भींचे पत्नी का—

सुबह किंतु सब कुछ वैसा था :

ग्वाले की धड़धड़ाती बाइसिकल
अखबार वाले का धप्प से फेंकना,
हाँफती-पाँफती माँओं का बच्चों को
स्कूल की बसों तक ठेलना
नौकर का उठते ही मन-मन
मालकिन को भद्दा सा कोसना

रामदास मारा जाए
या मरने से बचा रहे, यह सोच-सोच बस

कवि-कम-जरनलिस्ट वह

ऊबा सा कुर्सी पर,
सिगरेट के छल्लों में, बैठा

रामदास की 'क्राइसिस' से
मन बहलाता रहा अपना

□ 20.7.95

कविता पहले कविता हो

कविता पहले सबसे,
कविता हो

चाहे उसमें फिर
बंदूक चले,
नारा हो,
या रामदास की
हत्या हो

चाहे उसमें
वह सब हो
जिसको जीते हम
दिनों-दिनों, या
बचते जिससे—

कविता
पहले
कविता
हो

फिर चाहे उसमें

राग-रंग हो
मांसलता हो
छन्द हो या
छन्द नहीं हो—

कविता पहले
सबसे,
कविता
हो

फिर चाहे उसमें
फेंटेसी या
सररीयल या
उत्तर-
आधुनिक हो—
दावे हों,
बँटवारे हों,
अपनी-अपनी
पकड़-जमीं हो,
जनवाद हो
या क्षणवाद हो

कविता पहले
कविता हो
□ 28.5.95

इन्कार नहीं है

मुझको इन्कार नही है कि

शाम बहुत सुन्दर है
और उससे भी उत्तेजक है
आई.आई.सी. सभागार में
बड़े-बड़ों का जमघट—
चाय की प्याली संग तैर रहे
संकेत सभ्य वे,
आँखों की भाषा में लिखे,
पढ़े गए, बस दूर-दूर से
संदेशे आँखों के

मुझको इन्कार नहीं कि

ये सब भी जीवन है ।
पर मुझको जो जीवन,
वह मिलता केवल मेरे ही अंदर,
मुझको जो उत्तेजक है,
वह देखो तो, लगा बूँद सा तिरने
इन शब्दों के आकस्मिक,
यों बटुरन में !

तुम इसको आत्मरति कह सकते हो
या कर सकते हो इसके
और बहुत से नामकरण
किंतु जो सच है सच मान उसे,
सच न बोलूँ तो
क्या दे देंगे मुझको
ये रोज-रोज साहित्य-मिलन ?

□ 28.7.95

अब सोचो

समय के इतने विस्तृत क्रम में
सब ही स्थित नियति में

अभी भी गोवर्धन उँगली पर
उठाए खड़े हैं बालहरि

अभी सीज़र को छुरा घोंपता
है उसका अपना अभिन्न ही

अभी वहीं बैठे हैं सरहद पर
गोबर-धनिया और होरी

अभी-अभी पाई दुष्यन्त ने

अपनी खोई मति-अँगूठी

अभी मेघ अलकापुरी पर
छा झुका है प्रिय-ड्योढ़ी

अब सोचो, क्या नया जिसे हम
कर पाएँगे ?
या जूझ यहीं पे शब्दों से
रह जाएंगे ।

□

मुझे विश्वास है

मैं हार नहीं मानूँगी
और अपने चले गए
शब्दों को
कहीं से ढूँढ निकालूँगी

मुझे विश्वास है ।

मैं इस वाणिज्य-विनिमय से
हाथों को धो लूँगी
और धुली-धुली फिर
साफ कलम से
नई कविता को ढालूँगी

मुझे विश्वास है ।

तुम्हारे इन सारे दुराग्रह
और अखाड़ों से,
मैं अपना कथ्य
बचा लूँगी

और जैसे-जैसे प्रेरित होंगे
शब्द-अर्थ, मैं
वैसे-वैसे उनका
सहज-संयोजन निर्वाह लूँगी
मुझे विश्वास है।
☐ 9.5.95

कविता में लड़की

आजकल कवियों को
बहुत दिखाई देती है
लड़की

कहीं उबलती चावल के संग,
कहीं कपड़ों में कूटी जाती,
कहीं लगाती नारा सड़कों पर,
कहीं बुझे चूल्हे से तंग

खड़ी हुई फसलों सी
किस्म-किस्म की,
कविता में उगती है लड़की

किंतु नहीं दिखाई देती—

चावल में गलने से ऊपर,
कपड़ों में कुटने से ऊपर,
सड़कों पर चलने से ऊपर,
चूल्हें में जलने से ऊपर

कहीं खड़ी संग अपने ही लड़की।

नहीं कहीं होती है क्या अब,
लड़की में बस लड़की ?

☐ 5.8.95

जो केवल

क्या तुम्हें भी लगता है कि
कोई और है जो सुबह
अखबार के संग
चाय पीता है,
दफ्तर जाता है,
फाइलें रटता है,
सहकर्मियों से जलता है,
महँगाई पर कुढ़ता है,
और जैसे-तैसे
'ऊपर से कुछ आय हो'...
का जोड़-तोड़ करता है ?

फिर पंक्चर हो गए पहिए सा
भारी-भारी चलकर
घर की सीढ़ी चढ़ता है

किसी पशु सा
घर्र घर्र सोता है ?

क्या तुम भी सोचा करते हो
कि वह आखिर कौन है—

जो बस बैठा ही रहता है,
बैठा ही रहता है।

☐ 25.5.95

इस शहर में

मुझे नहीं मालूम था
कि जब तक मुझे
याद आएगा—
इस शहर में
मेरा एक दोस्त भी है,
मेरे दोस्त से खाली
हो लेगा शहर

मुझे नहीं मालूम था
कि जो जहाँ है
वह नहीं होगा वहाँ
कल । इसलिए मिल
गया जो पल,
रखना था उसको ही
हाथों में
पकड़े पूरा,
अपने ज्यों बीते किसी
पुण्य का फल

□ 26.5.95

रहा लटकता

जैसे नकली आँख
और कुछ दिखता नहीं
जैसे टूटा हाथ

और कुछ उठता नहीं

जैसे तन लकवा हो
और हिले हिलता नहीं

वैसा वैसा वैसा
क्यों दिन आज
कहीं भी गया नहीं

छत से गिर
मकड़ी सा
बँधा थूक से अपने,
रहा लटकता
बीच हवा ही ।

□ 27.5.95

कैसा रिश्ता है

क्यों बस अँधेरों में ही
अब मन मिलता है ?

जब तक आँख नहीं झपकती,
जब तक बिजली बंद नहीं करती,
जब तक साँय-साँय नहीं करता घर

लगता है भीतर भारी गड्ढा है,
बिन पाखी का कोटर है,
कुएँ पर सूखा बंद रहट है

पर जैसे-जैसे अँधेरा गहराता,

दरवाजों पर द्वार उढ़क जाता,
दीया सा स्वयं ही जलता है !

यह अँधेरों से कैसा
निजी उजालों का रिश्ता है !

□

कोई तो

कोई तो एक जगह हो
पत्थर को टिकने
पानी में

कोई आश्वासन हो
घातों से दुखते
मन में

कोई संकल्प बड़ा हो
तिल-तिल टूट चले
तन में

कोई तो बीज उगा हो
सूख गए तरु-
जड़ में

कोई तो बात बची हो
दिन-दिन कवि की
मौन कलम में ।
□ 9.5.95

बतलाओ तो ?

उसने मेरी कविता पढ़ी
और उसे जैसे अपना
लिखा याद हो आया ।

वह छटपटाता,
मेरे घर अपनी कविता की
एक पुरानी पीली पड़ गई

फ़ाइल लिये,
चला आया।

याद दिला दे कविता
कहना अपना, यदि किसी को—
इससे ज्यादा
क्या देगी वह पाठक को—

बतलाओ तो ?
□ 28.5.95

चाहे दो ही चार शब्द हों

चाहे दो ही
चार शब्द हों,
चाहे कुछ भी
नहीं कहें वो

लेकिन जब भी

भीतर उमड़ें
चट्टानों से फूट
बहें वो।

उनको सुनने
चुप बैठूँगी,

जब आएँगे
होंठों पे उँगली दूँगी;
सुनना ही तो
कविता है !

चाहे कुछ भी
नहीं कहें वो ।

□ 9.5.95

सीधी कलम सधे न

जब आती है कविता—
लगता लिखने में क्या है
जब चाहो लिख डालो
घर की निज खेती है
जितना उसे उठा लो
नोट जेब का अपना
जैसे उसे भुना लो
जादू का करतब है
जी चाहे जी बहला लो

जब आती न कविता—

लगता ज्यों रूठ गया हो
प्रियतम किसी प्रिया का
जैसे रख भूल गए हों
भरा नोट से बटुआ
जैसे ननिहाल गए बच्चों बिन
सूना घर, अलना-पलना
जैसे उँगली में गठिया हो
औ सीधी कलम सधे न

□ 27.5.95

टिड्डी

जिस दौर में,
कविता से नहीं,
पुरस्कार से,
होता बड़ा कवि—

उस दौर की,
अमराई सारी
सूख गई

कोयल अन्तिम
कूक गई

कौए चुग गए
मुक्ता सारे

टिड्डी चुग-चुग
खेत गई
□ 28.8.95

पिछले वर्ष की

पिछले वर्ष की
बड़ी खबर
यह नहीं थी कि
किसने किसको मार दिया
या लूटा,
कहाँ गिर गया
शहर भूकम्प में,
या कहाँ बड़ा सा बम फूटा

पिछले वर्ष की बड़ी खबर थी
जाने कब-कब की बंजर धरती पे
ऐसा सावन आया
डूब गए सब कूल नदी के
जलधर ने यों जल बरसाया
हाथों ऊँचे अँकुए उपजे
महक गई अवनी की काया

पिछले वर्ष की बड़ी खबर थी
□ 1.5.95

यह भी तो सत्य नहीं था

एक मन्त्र सुनने लगा था,
हवा में अद्भुत सा
रस था

मैंने चारों ओर बहुत देखा
कुछ भी तो
नया नहीं था

वैसे ही घर चुपचाप खड़े थे,
वृक्षों को अपने ही प्रस्फुटन से
समय नहीं था

पैरों की आहट से पूरी तरह
उदासीन थीं सड़कें,
और दरवाजों का उर
उतना भीष्म-कठोर था

फिर भी
एक मन्त्र सुनने लगा था,

और-जो- रस अद्‌भुत
हवा में था—
वह केवल मेरा भ्रम हो,
यह भी तो सत्य
नहीं था
☐ 28.7.95

इस साल नहीं बरसेगा पानी

नभ में छा कर
बादल फिर
पलट-पलट जाएँगे

खेतों में रूखी, रुष्ट धरा
यहाँ-वहाँ
पपड़ाएगी

लेटा होगा कवि
हाथ माथे पर
रख कर

प्रिय-प्रेयसी में
होगी फिर-फिर
कहा-सुनी

इस साल नहीं
बरसेगा पानी
☐ 27.7.95

कहीं बरसे तो पानी

इस साल कहीं बरसे तो पानी
डूबे तो कोई पुल दरिया का,
घूमे तो फिर नाव भँवर

बहकर पत्थर दूर कहीं का
जाए तो बह दूर कहीं

इस साल कहीं बरसे तो पानी

सूखे खड़े किसी खँडहर पर
फैले काई की नरमाई,
घर की फोड़ दीवार कहीं से
उग आए पीपल की टहनी

इस साल कहीं बरसे तो पानी ।

□ 6.8.95

अभी-अभी बरसा है पानी

नमक डली से
सील गए अपने ही तन में,
बहे स्निग्ध फिर
छू कर नमी पुरानी

ज़रा-ज़रा हिलते वृक्षों सी
हिली अभी जो बैठ गई थी
'कुछ भी न करने की'
मन ठानी

अभी-अभी आई है,

बहुत प्रतीक्षित,
चिट्ठी प्रिय,
पहचानी

अभी-अभी बरसा है पानी

☐ 27.7.95

सावन तो सावन है

खिड़की पर
बूँदों की
ठक-ठक

पत्तों पे
पानी की
टप-टप

वाहन की
सड़कों पे
छप-छप

सावन तो
सावन है

आया है

☐ 26.6.95

एक सलोना बादल

एक सलोना बादल छाया,
धुआँधार बरस कर

चला गया खाली सा

ये खड्डे और खाई,
सहसा भर गए गले तक,
फिर वैसे ही सूख गए
पहले सा

लेकिन जो भीतर
खींच लिया,
अंतस तक अपना
सींच लिया,

उस जल से
जल हो गई धरती

बाँहों में बादल
भींच लिया
□ 6.8.95

सोचो तो

इस खेत खड़े
प्यासे का
इतने जल से
क्या होगा,

अम्बर तुम सोचो तो

बिना तृषा के
स्वागत,
मेघों का भी
क्या होगा,

मौसम तुम सोचो तो

और सावन में
सावन,
डूबा न तो
क्या होगा,

तृष्णा तुम सोचो तो

इतने बाद
सफर के,
मिली छाँव न
क्या होगा,

सड़क ज़रा सोचो तो
□ 13.8.95

महानगर

सावन है, सावन में
यदि गीत कवि ने
न गाया

यदि मोर छितर कर
न आया

यदि सहसा जी न
अकुलाया

तो मैं दिल्ली
तुमसे हारी—

कहना न, 'तुम कवि'
मुझे फिर

देना न संदेश
मधुर फिर

घिरता है आकाश
घिरे फिर
☐ 14.8.95

यह बरसात निकलने दो

यह बरसात निकलने दो

लिख-लिख भेज रहा जो
सावन मेघों की पाती,
बारिश को लिखने दो

जो कहती वसुधा उत्तर में
बनफूल-फूल से अपने,
उसको भी कहने दो—

उसके बाद कहीं हम
बैठेंगे वृक्षों के नीचे,
हाथों में हाथों को,
लेकर दोनों अपने

तब तक तुम श्वासों में
यह राग नया पलने दो

यह बरसात निकलने दो
☐ 13.8.95

सावन के अंधे को

सावन के अंधे को
सुनते, सूझे
हरा-हरा

कविता के अंधे को
सूझ रही कविता

बाकी की
गृहस्थी का
बोलो तो अब हो क्या—

ढेर यहाँ कपड़ों का
बेलन-चकला अड़े वहाँ,
परिजनों से
हूँ-हाँ, हूँ-हाँ,
और पति का
(तोबा !) गुस्सा...

सावन के अंधे को पर,
सूझ रही
कविता
☐ 6.8.95

मैं शब्दों में झूल गई

आयु के अनगिन आरोपों की
झड़ धूल गई

जाने कब-कब का एकाकीपन
मैं भूल गई

खुल गए हाथ बंद
हथकड़ियों से—

जब शब्दों के
सावन-झूले
मैं शब्दों में
झूल गई
☐ 6.8.95

जीवन में जो जाने

जीवन में जो जाने,
इतनी आँधी आने से पहले,
टूट गए गिर—
छूट गए यों किसी सड़क पर

वे ही क्यों केवल,
लौट-लौट रातों में,
बातों में, बिम्बों में
मन की गहरी कहीं उमस में,

आते हैं—
किसी शिला पर
पानी ज्यों चलता हो,

पानी के भीतर-भीतर
जलचर ज्यों पलता हो,

क्षण पर क्षण पर
क्षण ज्यों
बिना रुके ढलता हो
☐ 26.6.95

आज दिन भर

आज दिन भर
रेत के तेज-तेज,
अंधड़
चलते रहे

मेरी कल्पना में नहीं—
शहर की सड़कों पर

घरों के पर्दे
शाम तक
बदरंग हो गए
और शीशे की मेजों पर
उभर आई रेत की
गहरी परत

मन किया उँगली से
उस पर कुछ लिख दूँ,
जैसे कभी लिखा करते थे
वृक्षों की छाल छीलकर
चाकू से अपना नाम
-तुम्हारे संग
पर वृक्ष के तनों
और मेज की रेत में
एक पूरी आयु का
अंतराल था
इसलिए मैंने

उँगली को मुट्ठी में
बंद कर लिया, और

कुछ भी नहीं

लिखा
आज दिन भर..
□ 29.5.95

एक दूरी चाहिए मुझे

एक दूरी चाहिए मुझे
सुबह और
जाग गए शहर के बीच

झरने और
उमड़ती
लहर के बीच,

कहने और
सुनने
के बीच

चाहने और
चाहते
चले जाने के बीच,

एक दूरी
चाहिए
मुझे अभी
□

कुछ और तरह की

वह बरखा कुछ और तरह की होती है
जो भीतर से बाहर तक

सींच, जलद हो जाती है

वह अग्नि कुछ और तरह की होती है
जो भक् से जल
राख करे, फिर
सुलग आँच हो जाती है

वह वसुधा कुछ और तरह की होती है
जो आकाश चढ़े, हो वृक्ष
भले, पर पनप जड़ों में
रहती है

वह पछुआ कुछ और तरह की होती है
जो उद्वेलित कर
रोम-रोम, जा पात किसी
में सोती है
□ 2.8.95

वृक्ष बोला कीट से

वृक्ष बोला कीट से :
क्यों रे तू, इतना विकल ?
देख मुझको मैं खड़ा
कब से अकेला एक थल

क्यों तुझे पहचान अपनी
है नहीं ओ, तुच्छ प्राण
रेंगता रहता सदा तू
इस तने से उस मचान

चुप रहा सुन कीट फिर भी
खोल न पाया ज़ुवान

एक ही आघात से जब रात, तरु
दामिनी के
जल गया दो टूक होकर
जल गई उसकी मचान

दौड़ता था हो द्रवित तब
कीट ही तरु के वितान
सहला रहा था घाव दुखता
हाथ छोटे, तुच्छ प्राण

☐ होली, 1995

क्या आपने भी

मैंने तो यह नहीं चाहा—
क्या आपने भी ?

कि फूल खिलें,
न चुप्पी में,
न रातों में,
बस वृक्षों पर ही

कि आँसू एक कथा हों,

न संकल्पों में,
न प्रयत्नों में,
बस पुतली में ही

कि यादों की सूची हो,
न शब्दों में,
न पग-पग में
बस यादों में ही

☐ 8.7.95

प्रवास

एक और दिन निकल गया
एक और रात का सन्नाटा
शहर की नींद में उतर गया

पछाड़ खाता रहा सागर
अपने ही तट पर

लाल से हरी फिर लाल
होती रही बत्तियाँ सड़क पर

आकाश एलबम ज्यों चित्रों का
रंग बदलता रहा

दूर कोई जिद में अपनी
उँगली पे दिन गिनता रहा

☐ 22.6.95

पांचाली ही

क्यों याद रखना जरूरी है कि
इस रास्ते पर थी
तुम्हारे पैरों की आर-जार
हजार बार

क्यों याद रखना जरूरी है
वह गीत जिसकी
ब्रह्मांड तक अद्‌भुत
गूँज गई गुंजार

क्यों याद रखना जरूरी है

कि हारता नहीं दाँव
युधिष्ठिर कभी, पांचाली ही
हारा करती बार बार ?
□

हर साँस फाँस

न तुम पास
न खिड़की भर
आकाश

न अक्षर में
आँख,
न गुनगुन में

आवाज

हर साँस
फाँस,
हर साँस
फाँस
□ 16.6.95

चौपड़

बहुत समय लगा था
समझाने में मन को
कि जीवन में जीने को
जीना है फिर मुझको

खोल दिए सब द्वार,

व्योम तक
फैला दी गंध
अगरू को

पात-पात में
अक्षर देखा
गीत दिए हर खग को

फिर भी जाने क्यों
उस दारुण पल,
मैं भूल गई
हर मन्त्र, ऋचा को

अपनी चौपड़ हार गई फिर
राजपाट अपने को
□ 3.8.95

चला गया चुपके से

पाहुना जो आया था,
फूलों के शब्द लिए,
पत्तों में सर्र-सर्र ताल लिए
बिम्ब भरा आकाश लिए

चला गया चुपके से—
रूठ गया इस व्यस्त शहर से,
ऊब गया बस भाग-भाग से
और शायद मेरे उखड़े जीवन से

काश, उसे मैं बतला पाती
कब से उसकी प्रतीक्षा थी,
वह आएगा, इस आशा में

किन गंजे वर्षों को झेल गई थी,

वह गाएगा, कर विश्वास यही
इतने रेले और धकेलों को
बिन बिखरे ही ठेल गई थी—
अपने से भारी शर्तें खेल गई थी
☐ 9.5.95

खीज गया मेरा मन

मैंने बार-बार

शायद बीस-
पच्चीस बार
घर का द्वार तका

पर दोपहरी तक
खीज गया
मेरा मन

जिसकी आशा थी उससे नहीं,
अपने से ।
और अपने भीतर उस करतब से,

जिसने इतने विस्तृत नभ को
ढाँक दिया पलकों से

जिसने चारों ओर दौड़ती
ठहरा लीं निज दरवाजे सड़कें

जिसने मेरे उन्मुक्त हिरन को
बाँध लिया बस एक कुशा से
☐ 2.8.95

देखें हठधर्मा को

मिलकर नदी कभी क्या
मिल भी सकी
किसी को ?

खेली गोदी, अपने
छोड़ गई पर्वत को,

रहा देखता बाट
खड़ा जो,
मिली क्या उस जंगल को ?

रोका भी यदि
तरु ने
साथ ले गई उसको

शायद उसे पता है
उसको बस चलना है,
कभी रेत तो कभी
लवण के,
सागर में ढलना है

बदले कोई कैसे
अपनी ही
नियति को ?

फिर भी जिनके उर कविता
वे देखें
हठधर्मा को ।

□ 3.8.95

इन पत्रों के रस्ते

इस साल नहीं तो अगले
इन पत्रों के रस्ते
मिल जाऊँगी तुमको
मैं भीड़-भाड़ से हट के

इस साल नहीं तो अगले
इन शब्दों के खिलते
आ जाओगे दूर वहीं से,
पास कहीं तुम चल के

किंतु हमें पता है
जितना अब खोए हैं
उतना कभी नहीं फिर
खोएँगे हम मिल के।

☐ 2.8.95

तब आना तुम

मैं तुमको क्या कह दूँ
जब मैं ही अपने में,
गिरे हुए पत्ते सा, झंझा में,
टिकती नहीं कहीं भी

मैं जब अपने को
अपने में पा लूँगी,
खड़े कुमुद सा पानी में
सूरज से पाँख नहा लूंगी,
हाथों से तर्पण कर
गंध निज कोर बसा लूँगी

तब आना तुम कविता
मैं खिल, पराग सा तुमको
अपनी हर पोर अँजा लूँगी।
□ 5.7.95

किसका है ?

वही खिड़की
वही है आकाश
वही वृक्ष
उठाए हाथ

नहीं दिखता मगर
दिखता था जो
गत ढल गए साल

धुआँ है शायद धुंध
खिंची क्षितिज की कोर,
साँसें उलझी चकरी पर
किसी पतंग की डोर

आगे न पीछे
पैर वहीं खड़े,
दुखता है

नहीं कहीं
जो साथ चले कल,
यह खाली घर
किसका है ?
□ 12.6.95

दो धरती हैं

ये जो आवाजें सुनती हूँ,
कभी नहीं बिल्कुल भी,
दो धरती हैं—
दो जीवन

एक पैर इधर
एक उधर
चलता (खड़ा ?) रहता है
हर दिन

कितना सरल, सोचती हूं
होता होगा
दोनों पैरों का एक जगह होना
किसी सुरक्षित घेरे में—
गृहस्थी के,
परिजनों के,
दिनचर्या के—
चले-चले जाना, और
टिके रहना।

□ 17.6.95

लौटता है जब अतीत

लौटता है जब अतीत
नोचने सौ हाथ हो

कह नही पाते क्यों उससे

'वह था वह,
हूँ मैं नहीं,

उसकी कुछ
मजबूरी थी
टूट गया था
यदि कभी वह
किसी अँधेरी
तंग गली।
माँग रहे क्यों, बंधु, मुझसे
उसके बचे हिसाब को?'

लौटता है जब अतीत
नोचने सौ हाथ हो

□ 8.4.95

फिर भी कोई

बहुत झुका, पानी में
झुकती डाली सा,
माथा मंदिर में

बहुत उड़ा मन, पक्षी सा
हो मुग्ध मना,
विस्तृत अम्बर में

बहुत कंठ तक आई वाणी
धड़क-धड़क
अक्षर में

फिर भी शायद देन बची थी
पिछली कुछ जीवन में :

किसी पाताल तक
छोड़ आया

शर, बींध मुझे
मेरे ही तन में
□ 20.7.95

बहुत दिनों से

बहुत दिनों से
चुप हूँ

किंतु मेरे बालों में ये बूँद गिरीं
वर्षा की,
पूछ रहीं,
क्यों चुप हूँ ?

बहुत दिनों से
चुप हूँ

अभी-अभी घर आई
चार दिनों की
नातिन,
हुचकी-हुचकी पूछ रही
क्यों चुप हूँ

बहुत दिनों से
□ 20.7.95

कह लेने तो दो

यह ऊपर-ऊपर से
पपड़ा गया जो
उसे छीलने भर की

फ़ुर्सत तो दो

जो बोल गड़ा है
अभी कहीं भीतर
शीशे सा,
उसे तनिक छू भर तो
लेने दो

जो आँखों में
अभी-अभी दिन
सूख गया है उसको,
छींटा जल का
हलका दे लेने
तो दो—यों कुछ
कह लेने तो दो
□ 9.5.95

भूलना है

भूलना है मेरी भाषा ने

स्कूल में
पिट् भूल रहे
अपने बचपन को,
बच्चे सा,
उत्साह
जीवन में

ढलना है
ससुरगृह में
ढलती जा रही
प्रौढ़ा में,

लड़की ज्यों,
एक प्रगल्भ
मुद्रा में

लाना है,
छत्ते में
मधु
माँग-माँग लाती
मौना ज्यों,

संगोपन
शब्दों में ।
☐ 30.5.95

घुन

यह भानुमति का पिटारा
एक दिन मुझे

उलट देना है आँगन में
फिर उकड़ूँ बैठ पास में
हाथों से अलग-अलग करना है
जितना जो गया भरा
पाँच दशक तक
जाने-अनजाने इसमें

अलग-अलग ढेरी में रख
देखें तो, अब क्या-क्या होगा :

होंगे निश्चित ही
वे दिन चित्रों से जिनमें
गंध फूल की, चिड़ियों का कलरव

मोरों के पंख, माली की
मीठी झिड़की होगी

भृगु-संहिता सा भौचक कर देते
खुल-खुल बड़े किसी जादू सा,
होंगे दिन और बहुत से—
बग्घी के घुँधरू
चाबुक की स र ट स र ट संग,

बस्ते में कापी के अंदर
मास्टर जी की मूँछ कढ़ी होगी
चुन्नी होगी फिर काँधे, और माँ की
डाँट-डपट। समय पे
दिन-दिन कैंची चलती होगी—
'कहाँ गई थी ? शाम हुई !
कल से सुन, यहाँ नहीं जाना वहाँ नहीं...'

फिर औरों की चक्की में घुमर-घुमर दिनचर्या—
पिस-पिसकर बारीक
समय की परत-परत गिरती होगी

कहीं छुपी घुन सी भीतर,
बची-खुची अपनी पर
छोटी हस्ती भी तो होगी ?
□ 20.7.95

सूखे वृक्षों से फूल गए

इस गुजर गई आयु में
जो भी घटा—
अकस्मात्
या सुनियोजित :

फैसले,
जो मेरे हक में
औरों ने सुनाए,
हक,
जिनके लिए मैंने
स्वयं झंडे उठाए,

लकीरें,
जो मिटीं नहीं मिटाए
दरार,
जो एक पर एक
उभर आए

भूल गए—
ज्यों सूखे वृक्षों से फूल गए
याद रहे बस,
टँकी पतंग से,
दिन बचपन के
☐ 2.8.95

हिक्सविल : न्यूयार्क

शाम को हर शाम
काले पर्दों पर
उजले चेहरों का
रंग भरा मेला :

सोफों पर बैठक के
मम्मी-पापा,
अपने-अपने कमरों में
बच्चे, निजी-निजी टीवी के पास,

खोए हुए अलग-अलग
'सोप' और 'सीरियल' में

सड़कों पर लिंडन, सिकामोर,
और यू वृक्ष
खड़े चुपचाप,
चुपचाप खड़ी कारों के ऊपर

'ड्राइव-वे' से घर तक
पियोनी, अज़ेलिया
और फ़ाइक्स की मेखल

कहीं नहीं कोई दिखता—
यहाँ-वहाँ कही-कहीं
चलती गाड़ी सरपट
गश्त दे रहे चौकीदारों सी

घर के दरवाजों के अंदर
साँस ले रहा
अमरीका के सपनीले
छोटे शहरों में
यह एक जगत सपने सा
□ 8.7.95

सड़क पर

सड़क पर
अखबार बेचने के बहाने
भिक्षा माँग रही
महिला के पास
पटरी पर बैठा एक बच्चा,
दूसरा गोदी में लेटा दूध पीता,

तीसरा बढ़े हुए पेट में
बढ़ता

और अमरीका के बड़े-बड़े
अस्पतालों में, डाक्टरों के
चक्कर काटता मेरा अपना
बेटा—

बहू,

हृष्ट-पुष्ट
सुन्दर
समर्थ,
इन्जेक्शन
दवाई व तरह-तरह की
नई तकनीकों से घायल

"मालूम नहीं क्यों फिर से
गर्भपात सब कुछ तो
सामान्य है
धीरज रखिए दो मास में
फिर यत्न करेंगे"
समझाते डाक्टर । झूठे (?) आश्वासन
दिलवाते । मुँह फेरकर
आँसू छिपाते मेरे बच्चे—
"थैंक्यू डाक्टर, थैंक्यू
वैरी मच, सी यू
इन स्प्रिंग. . .इन फॉल"

यदि हम ईश्वर को
भूल गए हैं
तो क्या ये
याद नहीं दिलवाते ?
□

वत्स !

मैं तेरे कारण
इतनी अग्नि

जल, अंदर-अंदर
पी गई—

होठों को पट्टी से
भींचे,
हाथों को बाँध
वृक्ष के पीछे
आँखों में छवि
करुणाकर की खींचे

माँ हूँ तेरी,
इसीलिए, मैं
जी गई

□ 14.7.95

आज साँझ को

जाने कैसा
छूटा-छूटा-सा जी
आज साँझ को

कितना कुछ चला गया,
कितना द्वार खड़ा
जाने को

जाने कब कौन कहाँ से
इंगित कर दे और

खो दे हाथ, हाथ को

साँसों से हट जाए सहसा
ये पहरा, गिनता
साँसों को

जाने कैसा
छूटा-छूटा-सा जी
आज साँझ को
□ 9.5.95

बहुत काली रात है

बहुत काली रात है—
अभी थमा
नभ तोड़ बरसता
पानी

धुल गए तारे सभी,
नहीं गंधराज सा
शीतल गगन में
चाँद है

हर तरफ चुप्पी
अकेले
डूबता सा
डूबता सा
डूबता, लो
साँस है
□ 30.8.95

भले अकेले होते

यदि इच्छा के
इतने घोड़े
दौड़ाए न होते—
क्या तृष्णा के
इतने रंग
तृष्णा में आए होते

इतना गहरा मन
डूबा होता
क्यों पावस में

भले अकेले होते,
पर मीन सा,
रेत रिताए न होते

□ 9.5.95

सच न भी तो

इतनी दीवारें—
कोई खिड़की होती,
अँधेरों में
एक सुरंग-चाहे
अँधेरी होती

इतने हाथ यहाँ पे,
एक हथेली
होती

बातें बातें बातें
सच न भी तो,

झूठी
न होतीं ?

□ 7.9.95

कहाँ विजन

एक तपस्या
हो गया मन

जाने क्या-क्या
खोकर,
खो गया मन

बस विजन—
बस विजन !

रातों को
सपने में
शब्दों के
किन्नर

जगने पर
जगें साथ
कविताओं के
देवगण

पिघले सोने सा
खिले पद्म हो
अपना ही मन

कहाँ—
विजन ?

□ 7.9.95

स्तुति

अपना-अपना राग
अपनी-अपनी डफली
सुनो, स्तुति सा
सुना रहे हैं
सब ही:

सुबह-सुबह छज्जे के
करते पक्षी,
चींचीं चिरचिर्र—

दोपहरी में
सुग्गे देते
कुतर फलों को, तीखी
सीटी

और सोने से पहले
संध्या,
बज उठती
पायल सी

रात-रात-भर
धड़कन सी वह
झिंग...झिंग झिंग
झींगुर की

इनमें से न
पूछे कोई—
पसंद तुम्हें आई, क्या,
बंधु, मेरी बोली ?

☐ 31.8.95

धरती वहीं अड़ी है

कैसी धूप
कड़ी है

क्या छाया
कहीं
बड़ी है ?

इतनी-सी जिज्ञासा
खातिर,

धरती वहीं
अड़ी है ।
☐ 7.9.95

श्रीरंगे रंग-लीला

चाहे मैं कितनी भी बार कहूँ
कि ऊब गया है जी मेरा
जीने से

चाहे मैं कितना भी
कतराऊँ
जीने—जिए चले जाने से

मुझको किन्तु हर पल
मिला यदि तो मिला खिला,
परत-परत में कौतुक दीखा,
पटल-पटल मन रीझ गया—

कभी मिले नारायण स्वयं ही,

कभी श्री संग इला,
रही विकसती गहन गात में
श्रीरंगे रंग-लीला !

☐ 2.8.95

भाषा नित रूप

भाषा नित रूप
बदल जाए

बिम्ब नया ढल,
चौंकाए,

कहने को, कथनी
कह पाए—

इतना सब यदि मुझको
हे शुभ्र वस्त्रावृता !
मिल पाए

यह एक जन्म ही
समिधा हो
पूजा में तेरी जल जाए

☐ 3.8.95

इन कविताओं के बारे में

समीक्षाएँ

मध्यम गान

—वागीश शुक्ल

सुनीता जैन ने एक दीर्घ अवधि में प्रचुर मात्रा में कविताएँ लिखी हैं और इस निरन्तर अभ्यास से एक शब्दकोष और एक मुहावरा, एक मौसम और एक बगीचा बनाया है। इसमें "कितने आँसू तेरे उर में / कितनी अस्थी, कितना पानी" *गंगातट-२* है, "सूरजमुखी /, अभ्यर्थना करती है / सूरज की" / *यह भी प्रेम था* है, "ओस का आचमन कर" / '*घास*' **इतना भर समय** है। इसमें "केवल आँखें पूछ रही थीं/ प्रिय आए— घर आए?" *कहने को थी* । इसमें अगर आग भी है तो "वह तेरा आना नित / नित / आतुरता बिन देखे" *आग* को ईंधन बनाकर है, अगर सड़क भी है तो "ड्योढ़ी पर / हल्दी न रोली/ केवल पत्ती / सूखी पीली" *सड़क* की सुनसान उदासी में डूबी है। इसमें माँ है, पेड़ हैं, पक्षी हैं और अगर टिकाऊपन है तो वह "वृक्ष पर टिका नीड़ / ज्यों पिछले वर्ष का" *टिका रहा नीड़* से आता है, अगर शहर है तो एक 'निरापद स्थान' की तलाश में पाये गये बिजली के तार में है जहाँ बैठा जा सकता है "शायद किसी दिन करेंट की प्रतीक्षा में /जिसके छूते ही/ झूल जाये कविता गले में" *जब से यह शहर* । यह जैसी भी है, उनकी अपनी दुनिया है।

लेकिन मैंने इधर लक्ष्य किया कि उनके सरोकार कुछ बदल से रहे हैं। इसमें निराला *ऐसे ही किसी दिन* अज्ञेय *दिल्ली-२*, गगन गिल *अँधेरे में बुद्ध पढ़ कर*, केदार नाथ सिंह *पुराना सेशन-हाउस करनाल*, अशोक वाजपेयी *आकाश छूने में*, महात्मा गांधी *आँधी के बाद* महादेवी वर्मा *दिन १*, विद्यानिवास मिश्र *पात्र*, धर्मवीर भारती *पचपन बरस*, गुलेरी जी और कितने ही नए हस्ताक्षर, *कहना* अधिक आने लगे, कभी नाम से कभी बिना नाम के। इसके स्वाभाविक परिणाम भी मौजूद हैं। सीता बनवास की गूँज लिए ये पंक्तियाँ देखिए—

लो सभी अभिषेक तुम ही/ और सत्ता के चँवर
एक छोटे पात निर्मल/ का मुझे पाथेय दो
है जहाँ वह मौन पक्षी/ रथ वहीं बस रोक दो

—*नारी -२*

और यह 'गुंजार' देखिए—

राधा से पांचाली तक / आँसू किसका नहीं गिरा?

—*आशीष*

तो यह फ़र्क अपने आप साफ होने लगेगा। फिर क्या आश्चर्य कि "देवगौड़ा और इन्द्र गुजराल के मन्सूबे" *पार्क में-२* भी कविता में आयें और "प्रकाशक जी मैंने / अपराध बड़ा कर डाला" *दिल्ली-७* की सपाट व्यंग्योक्ति हों, *लक्ष्मी* जैसी हीरोइनें हों (लक्ष्मी), "अब छपता भी क्या है आखिर" *प्रशस्तियाँ* की सुलभ व्यथा हो और "मेंढक बोले टर्र टुम" *टर्र टुम* का सहज सम्भाव्य रूपक हो। मैं यह स्पष्ट कर दूँ कि कविता में 'समसामयिकता' और 'सामाजिक प्रतिबद्धता' के प्रति अपनी गहरी आस्वादपरक अरुचि और उसके विरोध में अपनी स्पष्ट सैद्धान्तिक स्थापना के बावजूद मेरी शिकायत यह नहीं है कि ये बातें क्यों आयीं—यह है कि ये बातें किस तरीके से आयीं। उदाहरण के लिए "तुम पढ़ते हो शायद पासवान ने राष्ट्रपति को अभिवादन नहीं किया/. . क्विन्तु मैं जो पढ़ती हूँ / उसको पढ़कर सूख गया है/ मेरी आँखों का छोटे से छोटा सपना" *अखबार* सामाजिक प्रतिबद्धता की ही कविता है क्योंकि सपना बलात्कार और उग्रवाद की खबरें पढ़ कर ही सूखा है लेकिन फिर भी इसमें कम-अज-कम एक यूटोपिया की झलक तो बची रह गयी है कि महिलाएँ अपने "अँगूठी जितने जीवन में" कुछ ऐसा समो सकती हैं जो "हँस पड़े, चकित हो बोले"—पुरुष के लिए सम्भव नहीं है, कम-अज-कम वाक्य रचना में सपना को आँसू' या 'कटाक्ष- तरलता' पढ़ सकने की गुंजाइश तो मौजूद है। लेकिन एक समकालीन काव्य-गोष्ठी का वातावरण जिसमें कुछ 'समान-धर्मा लेखक' और कुछ 'समाज-धर्मा आलोचक' अपनी उपस्थिति से लेखन को प्रभावित करते रहते हों, कविता का क्षरण ही करता है, अक्सर सबेर में ही और देर में तो यकीनन। फिर हमें *रेस-कोर्स* जैसी कविता मिलती है जो लेखक-सूची पर भरे गये 'क्वेश्चनायर' की तरह है और एक अजीब से गुजरे हुए जमाने की याद दिलाती है जिसमें "नारी-लेखन में नामों सँग / बिस्तर का भारी दाम नहीं था"। फिर हमें *सुना था बचपन में* जैसी कविता मिलती है जिसमें ईस्ट इंडिया कम्पनी से लेकर आज की बाडी-शापिंग और एंटीक स्मग्लिंग तक की ग्रीवांस लिस्ट है। फिर यह होता है कि "सूरदास कहता है रोता/ जन समाज की व्यथा-कथा" *साहित्य का रुदन-काल* में प्रेमचन्द का सूरदास हावी रहता है जैसे अष्टछाप के सूरदास रोते न रहे हों। दरअसल 'स्साली' *दिल्ली-५* और 'ससुरी' *जय राम जी की* के इर्दगिर्द कविता उपजाने के लिए जिस तरह की उग्रता की दर्कार है वह सुनीता जी की रचनाधर्मिता में है नहीं और इसलिए उनका ऐसा साहित्य जो समाज का दर्पण बनने का प्रयास करता है उस तमाम भीड़ में खोया हुआ है जिसके लोग "बोलने लगे हैं/ एक सी ही भाषा" *प्रेम में कवि* और वे "कमजोर कवियों से घिरी" *एक कमजोर समय में* अपनी प्रत्यक्ष असहमति के बावजूद इस आदेश के अनुपालन की कोशिश में नजर आती हैं—

> लिखनी है कविता यदि/ तुम लिखो और तरह की—
> नये प्रतिमानों से / 'टफ' और 'टर्स'
>
> —*निर्लज्ज*

इसका यह अर्थ नहीं है कि वे राजनीति और समाजनीति को कविता में ले आने

या उस पर कविता की ओर से चोट करने में सक्षम नहीं है। इस क्षमता के उदाहरण में मैं यह पूरी कविता *जय में* उद्धृत करता हूँ—

जाने कब तक रोएगी
यह टिटिहरी
शहरी छतों के वन में

सोचकर मैंने कहा
उसको चिढ़ाने
जय श्री राम

तब से, विस्मय!
उसका क्रन्दन
बदल गया है जय में
एक नियंत्रित लय में

जय श्री राम. . जय श्री राम. . जय श्री राम
गाती है वह बड़ी भोर में।

लेकिन उन्हें यह ध्यान रखना होगा कि "कवि और कवि में / कितनी कम सीमा-रेखा होती है" *कवियों में एक नाम* और यह भी कि "केवल शब्दों के हमले" *कहीं नहीं क्यों* करने से कविता नहीं बनती।

इस प्रवृत्ति से अपनी असहमति दर्ज कर देने के बाद मैं उनकी कविताओं के बीच के उस अवकाश की ओर मुड़ता हूँ जिसमें मेरा खयाल है कि उनकी अपनी ज़मीन है। इसमें कुछ ऐसी पंक्तियाँ हैं—

मुझको अपनी थाह पता है/ क्या होता उर-दाह पता है
मुझको नभ-विस्तार पता है/ क्या होती मनुहार पता है
सपनों में रात जगा सकती थी /रअ धअ के अर्थ बता सकती थी
—*माथे पर चाँद उगा सकती थी*

इसमें ऐसे बिम्ब हैं—

रख अपना तूणीर कमर फिर
रति को सोया छोड़ कुशा फिर
आरूढ़ पवन के चपल अश्व फिर
बच औघड़ की बन्द आँख फिर
अनंग कुटिल मुस्काया ये

—*रूपऋतु -१*

अपनी पीढ़ी के अधिकतर कवियों की तरह ही सुनीता जी को छन्द और लय की पर्वाह नहीं है किन्तु वनवासी राम की परम्परागत छवि में कामदेव का यह निरूपण अपनी नवीनता से आकृष्ट अवश्य करता है।

[2]

आधुनिक हिन्दी कविता अपनी समृद्धि और विपन्नता दोनों के लिए 'आधुनिकता' की एक नासमझ समझ की ऋणी है। इसका आरम्भ ही इस प्रतिज्ञा से हुआ था कि आधुनिक साहित्य की पहचान यह होगी कि भारत के प्राचीन साहित्य-चिन्तन और साहित्य-सर्जन से दूर छिटका जाय। यों तो हमारे कवि और गद्यकार बार-बार उपनिषदों की ओर लौटते और वाल्मीकि, कालिदास के गुण गाते रहे, गुल-बुलबुल और साकी-मयखाना की ओर भी उनकी ताक-झांक चलती रही लेकिन उन्हें 'पुनर्मूल्यांकन' और 'आत्म-निरीक्षण' में ही अधिक दिलचस्पी रही है और वे उसी में अपना छापा-तिलक खोजते रहे हैं। अब यह एक माहौल की तरह है और इसमें ढलने के लिए किसी विशेष चेष्टा की आवश्यकता नहीं रही, चेष्टा की आवश्यकता यदि है तो निकलने के लिए है। इस सन्दर्भ में देखने पर सुनीता जैन के यहाँ किसी काव्य-दर्शन या किसी चिन्तन-प्रौढ़िमा की पदचाप नहीं है, न ही किसी ऐसी सर्जनात्मक कसौटी के आसार मौजूद हैं जिस पर वे खरा खोटा कसती रही हों। किन्तु उनमें एक 'सहज सुभाव' अवश्य है जिसने उन्हें उस मुखरता और वाचालता से भी बचाया है जो सर्जनात्मक प्रतिभा को अपदस्थ करके सामाजिक चेतना के नाम पर हिन्दी रचनात्मकता में अपनी जगह बनाती गयी और उस अबोधता से भी जिसके तहत अचार की मटकी, तुलसी का बिरवा, दियना और पोथी को शामिल कर लेने से भारतीय संस्कार कविता में पहुँच जाते हैं। उदाहरण के लिए, यदि 'साहित्य में महरी' की ही बात करें तो हिन्दी के लेखक महरी से दो काम लेते हुए दिखायी देते हैं— एक तो वह कुछ कुछ समाज से जुड़ने और उसको पहचानने में मदद करती है, दूसरे वह कंज्यूमर आधुनिकता के काउन्टर प्वाइंट के रूप में सक्रिय रहती है। सुनीता जैन के यहाँ यह दोनों भी कुछ कुछ है किन्तु एक देसी फेमिनिस्ट भी दिखती है *सुनो मधु किश्वर* और इस प्रकार एक पुनश्चिन्ता की सम्भावना भी।

इन कविताओं में 'इराटिक' की मौजूदगी भी उल्लेखनीय है विशेषतः इसलिए कि हिन्दी कविता में यह तत्व प्रायः लुप्त रहता है और अगर जाहिर होता है तो किसी अन्य तत्व—मसलन 'बोल्डनेस'—के उपस्कर के रूप में दर्ज होकर जिससे और कुछ हो या न हो उसका 'इरास' तो फिर भी गायब ही रहता है। इस 'इराटिक' का मुहावरा 'सबमिसिव' है और इसलिए इसमें एक आँच भक्ति-काव्य से भी है। यह सबसे अधिक **'रंग-रति'** संग्रह में एकत्र कविताओं में प्रत्यक्ष था किन्तु प्रेम पर जितनी भी कविता सुनीता जैन की हैं वह इसी लहजे की हैं। एकदम नयी कविताओं में भी ऐसी एकाध पंक्तियाँ दिख जाती हैं—

अंग अंग गिरती गई
खंड खंड
हर काल में
x x x
चलती चली
अपनी गति, प्रवाल में
होने शिवा
होते कभी जो
शिव कहीं भी
सामने।

—*शिवा*

प्यार यहाँ दरअसल "वे दोनों बहते हैं बहुत दिनों से / एक दूसरे की ओर / सहज तरल से" *विकल्प* और "कोर पलक / नम / भीग गई" *कोयलिया* से परिभाषित है, और उसका अभिलक्षण "परदेसी पाखी का / सहलाता सा मध्यम गान" *मध्यम गान* है, "उत्तेजित / आनन्दित होती है।/ सम्मुख पा / उसको" *पढ़ती है वह* से बताया गया। ये चीजें समकालीन काव्य-दृश्य में अपवाद सी लग सकती हैं किन्तु "जीर्ण हुए इस सम्बन्ध सनातन को / फिर से गरिमा" *अपवाद* देने की कोशिश देह-परक प्रेम की ही नहीं, माँ, बेटे, बहू आदि से जुड़ी हुई कविताओं में भी मौजूद है। यह आग्रह सुनीता जैन को समकालीन काव्य-दृश्य में एक अलग जगह देता है और शायद एक राजनीतिक आग्रह भी इसे कहा जा सकता है क्योंकि 'चैटरिंग क्लासेज' इसके खिलाफ हैं। "यह महीना / गौने की पाती सा / आया" *गौना* जैसी पंक्तियां लिखना अब एक खास तरह की हिम्मत का काम हो गया है क्योंकि समकालीन कविता गांव और कस्बे को भी महानगर के व्याकरण से बाँचने की कोशिश करती है। "चुगती रहती है / मोती मोती / आँसू जो गिरता है" *आँसू जो गिरता है* जैसी पंक्तियों से बतायी जाने वाली पीड़ा एक पारम्परिक स्त्री की पारम्परिक पीड़ा है जिसका होना ही बहुत से आधुनिक प्रवचनों को नामाकूल लगता है किन्तु "इन प्रश्नों का / प्रज्ञा से / कुछ भी तो सम्बन्ध नहीं है" *कुछ भी तो सम्बन्ध नहीं है*।

[3]

सुनीता जैन की कविताओं में विगलन को दृढ़ता पर, समर्पण को एड़ पर, तरल को ठोस पर और स्मृति को परिवेश पर वरीयता प्राप्त है। उनके उपादान बहुत खोज बीन कर नहीं लाये गये, उपमाएँ तिलिस्मी तहखानों से नहीं आयीं, व्यंजनाएँ आकाश नहीं छूतीं, रंजनाओं के रंग अनचीन्हे नहीं हैं। पाठकों से उनका 'कोवनैंट' एक जाँचा परखा, चला आ रहा, कोवनैंट है। कविताएँ एक समय में एक भाव को हलके से निचोड़ती हैं, परत दर परत अर्थ-व्यतियों का प्रयास इस भाषा में नहीं है। हिन्दी आलोचना के एक पुराने शब्द

का उपयोग करूँ तो ये लघुमानव की कविताएं हैं, सूरज और ज़र्रे की नहीं, ज़र्रे और ज़र्रे की आपसी बातचीत। इनमें काम उद्दाम नहीं, लज्जा उत्तेजक नहीं। फूलों के रंग चटकीले हैं तमतमाते नहीं, काँटों की चुभन टीस है, विदारण नहीं। "आँख गीली" *ढाक* और "थिरक नहीं अंगों में" *ढोलक* से बतायी जाने वाली मनःस्थिति आइसबर्ग का टिप है, पूरे आइसबर्ग से सहमाने वाली तकनीक सुनीता जैन ने नहीं अपनायी। गमलों और झाड़ियों को तिरस्कृत करते हुए केवल जंगल की बात करना उन्हें नहीं आता और उनके पौधे महावृक्षों के बर-अक्स लगाये गये प्रतीत होते हैं। काव्य-वाटिका में वे ट्रैक्टर ले कर नहीं, खुरपी ले कर घुसती हैं। आधुनिक हिन्दी कविता में यदि तुलना करना आवश्यक प्रतीत हो तो हम उन्हें फिलहाल की महादेवी वर्मा कह सकते हैं। यों अब जमाना बदला हुआ है और कुछ बातें जो महादेवी वर्मा ने गद्य में कही थीं, सुनीता जैन के यहाँ कविता में कही गयी हैं। हाल की कविताओं में, जैसा कि मैंने इस आलेख के प्रारम्भ में कहा है, कुछ ऐसी बातें भी कहने की कोशिश की गयी है जो पहले भगवती चरण वर्मा जैसे कवि कहा करते थे और इधर तकरीबन सभी कह रहे हैं। कवि सर्वज्ञ नहीं होता और अनुभव-क्षेत्र को एक क्षैतिज विस्तृति में ही नापना अनिवार्य नहीं है। जरूरी नहीं कि वह 'ट्रेड विंड्स' की तरह बहे, वह 'स्टार्म इन ए टी कप' भी हो सकता है। इस बात को न पहचानने के नाते बहुत सारे कवियों ने चाय को प्लेट में फैला लेना ही कविता की पहुंच को व्यापक बनाना समझ लिया है, यह अच्छा ही है कि कुछ गिनी चुनी कविताओं को छोड़ कर सुनीता जैन उस जमात से बाहर ही दिखती हैं।

सुनीता जैन की कविता जिस प्यार की बात करती है उसमें कामना, अतृप्ति, प्रतीक्षा, ताप, और प्रणति के तत्व मिले हुए हैं, दिन शाम के इन्तजार में बीतता है, रात अगले दिन के लिए करवटें बदलती है। इसमें दुनिया नहीं फुँकती, आदमी सुलगता है, ज्वालामुखी नहीं धधकता, दिया जलता है। प्रिय से ऐसा मान नहीं जो मनुहार से झुक न सके, ऐसी मनुहार नहीं जो प्यार पा कर रुक न सके। विरह प्रतीक्षा की अवधि तक है, वासना तृप्ति तक, याचना प्राप्ति तक, जागना नींद तक, प्रवर्तना कर्म तक।

इन कविताओं का लिखा जाना महती चिन्ताओं और बृहती विचारणाओं के इस दौर में एक बुनियादी बात की ओर इशारा करता है। अगर हम वनस्पति-विज्ञान की बात न सोचें और फूल के खूबसूरत होने पर ही आँख को टिकाये रखें तो हमें मुमकिन है फूल की पहचान न हो किन्तु हम इतना तो ईमानदारी से कह ही पायेंगे कि फूल देखना अच्छा लगा। सुनीता जैन ने इन्हीं अनुभवों की बात कही है, प्रिय से मिलना अच्छा लगा, प्रिय से बिछुड़ना बुरा, पेड़ का रहना अच्छा लगा, पेड़ का कटना बुरा। हममें से बहुत के लिए इतना पर्याप्त है। इतने का पर्याप्त होना एक सैद्धान्तिक हस्तक्षेप भी है—क्या ऊर्जा की खपत उतनी ही नहीं होनी चाहिए जितने से 'ग्लोबल वार्मिंग' के सवाल न उठें? इस हस्तक्षेप पर विचार का प्रस्ताव भी ये कविताएँ करती हैं।

तरलता में खड़े खम्भों का आख्यान

—राजी सेठ

रचना में दो तरह से दाखिल हुआ जा सकता है। या तो रचना इतनी सघन और सकेंद्रित हो कि सारी परिधि को अपने उपर खींच ले और एक केन्द्र रच डाले, या फिर परिधि पर पड़ी चीजें इस तरह उद्घाटित हों कि संवेदन तरह तरह, अलग अलग आगे पीछे के क्रम में प्रकाशित होता दीखे और पाठक कवि के सकेन्द्रित विज़न के लिए अर्न्तधारा के सिलसिले की तलाश में दाखिल होता दीखे। दोनों स्थितियों में रिश्ता आत्म-अनात्म भीतर बाहर के बीच बन रहा होता है।

सुनीता जैन के कवि-कर्म में दूसरे विकल्प के साथ साथ एक तीसरी अंतर्निहित केन्द्रीयता भी है, कोई दूसरा प्रस्थान बिन्दु, जो कि निहायत निजी, मौलिक और अनूठा है। वह केन्द्र कवि-मन के एकांत में सदा झंकृत होती रहती एक प्रकार की आंतरिक लय है, जिसके अनुरणन में सोई चीजें धीरे-धीरे जागती और ऊर्जस्वित होती हैं और अनात्म संसार को अपने आत्म की व्याख्या और विस्तार के लिये प्रस्तुत करती हैं। इस आंतरिक लय के माध्यम से सृजनात्मक उन्मेष को पकड़ पाने की जो स्पंदित स्थिति बनती है वह कविता को सम्भव बनाती है। काव्य-रचना के आकलन में सुनीता की काव्य-प्रक्रिया का यह स्थायी भाव है।

आंतरिक लय में होना सुनीता के लिए रचने का क्षण है। ऐसे क्षण चूंकि एक संपूर्ण सी तृप्ति देते हैं और अभिव्यक्ति-सुख के बहुत से सोपानों को शरण्य देते हैं अतः रचना-मन एक के बाद दूसरे लय-काल की अनवरत तलाश में छोटी से छोटी आहट के प्रति संवेदनशील अनुकूलता की प्रतीक्षा में बना रहता है। लय के संसार में अनात्म (वस्तुएँ, व्यापार, व्यवहार, प्रकृति) चीजें भी आत्मगत होकर आती हैं, अतः वह सूक्ष्म, संवेदी, स्पंदित हलके पदचाप के स्वभाव की हो जाती हैं। आरम्भ चूंकि उस आंतरिक लय के आघात से होता है अतः उसी के प्रकाश और इन्तजार में चीजें देखी जाती हैं। सारा जागतिक पर्यवेक्षण भी धीरे-धीरे उसी उद्‌बोधन की जद में आता-आता अपने कोषों को जोड़ता-तोड़ता, अलगाता विलगाता है। उसी में से एक सांगीतिक आकाश रचा जाता है जिसमें पंक्तियों के निजी बनाव को सृष्ट किया जाता है। उनके सीधे सादे क्रम को तोड़कर एक नाजुक और सौन्दर्यमुग्ध रूपबंध में रचाया जाता है और एक नयी लय, नये रस का आविर्भाव होता है, जो अभिव्यक्ति की प्रक्रिया में ही पाठकों के लिए प्रस्तुत हो

चुका होता है।

खास बात यह है कि इसी रचनाक्रम, इसी आंतरिक लय द्वारा सृष्ट संसार में से जीवन और जगत बोध से आत्म के रिश्ते को चरितार्थ किया जाता है। उसी दृष्टि से संसार का खुरदरापन और सौम्यता देखने का बनाव बनता है। यह प्रक्रिया कहीं न कहीं इस बात की भी पुष्टि कर रही होती है कि हमारा संसार वह है जिसे हमारी दृष्टि देख-सुन-छू सकती है। इस आशय के तात्विक अर्थ में भी कि सारी सृष्टियां, देखने वाले के 'ऐंटीना' पर निर्भर होती हैं। रचना धर्म में इस प्रकार की मौलिकता और विशिष्टता का विशेष स्थान है क्योंकि वह अनदेखे, अन्चीन्हे पहलुओं को आत्मचेता की ऊर्जा से झंकृत करने की शक्ति रखता है।

जिन उपकरणों (भाषा, शिल्प, बनावट, संयमित संवेदन) से आत्म-अनात्म की इस परती को उकेरा जाता है, उसके लिए सुनीता के पास अद्‌भुत दक्षता या मितव्ययता है। यह अभिव्यक्ति विरल संगीतमयी और सौष्ठव भरी है। हलके स्पर्श से भारी संवेदन की आत्मा को उकेरने का ऐसा कौशल आसानी से अन्यत्र नहीं दीखता। रागतत्व पूरे स्वीकार भाव से, जीवन के 'पूर्णतम' और कोमलतम की आकांक्षा की तरह हाजिर है। उसके भावात्मक अभावात्मक, दोनों रूप, वहां पीड़ा और प्रफुल्लता की तरह उपस्थित हैं। निरायासता (स्पांटेनयिटी) के तत्व को साधने का एक अप्रतिम कौशल और एक प्रकार की स्वयंभू सूझ इन सब कविताओं को पढ़ते हाथ लगती है।

कविता की काया को चूंकि अनुभव-आघात की पहली थाप के आवेश में पकड़े जाने का आग्रह है अतः अक्सर उसे बाहर से टकराने देने, अन्योन्याश्रित के रिश्तों को सुलटाने और इन्हें साथ लेने की रचनात्मक इच्छा में कमी पड़ जाती है, अतः एक आशय की बहुत सी कविताएं एक साथ बनती हैं, और बहुत सी मिलकर कवि के सरोकार का चेहरा बनाती हैं। सरोकारों की रोशनी में कविता और कविता के बीच की सरहद ही नहीं, पुस्तक की एक जिल्द से दूसरी जिल्द के बीच की सरहद भी पिघल जाती है, और समूचे संवेदन की प्रकृति को दर्शा सकती है। विकास, सोपान, उतरोत्तरता का तर्क वहां कुछ मानी नहीं रखता। इस अर्थ में ये कविताएँ काव्यानन्द देने वाली कविताओं का दर्जा पाती हैं, ये अपने भाव-बोध में प्रवेश के लिए जमीन तैयार करती हैं, सोच में अटके बिन्दुओं को धकेलने का नहीं। इन कविताओं में होने का एहसास एक ऋतु में होने का एहसास देता है; जगाने, करवट दिलाने, चौंक कर बैठ जाने का नहीं। जागना वहां पीड़ा की पहचान के द्वारा होता है— एक विलुप्त अन्तर्वाहिनी की तरह कविता अपने संस्कार के लिए अपने कथ्य को स्वयं प्रस्तुत कर रही होती है।

लय का पीछा करती सुनीता की इन कविताओं में मुखड़े का अनूठापन बड़ी तेजी से उभर कर आता है। पर अंत तक पहुंचती कविता व्यक्त के भार और लय के आभार में अपनी तेजोधारा को क्षीण भी कर लेती है, बहुत से बनते आशय हाथ से छिनने लगते हैं।

ऐसी बहुत सी कविताएँ मिलेंगी जो एक गहरे आश्वासन और आस्वाद से शुरू हुईं और अंत तक आते अपने तार्किक निष्पादन के विषम क्षेत्र को प्रकटाने लगीं। लगता है लय के प्रवाही ध्वनि-मंडल से मुक्त होने के बाद, आशय की प्रतिबद्धता का प्रश्न सुनीता के लिए विचारणीय होना चाहिए। असल में आंतरिक लय की घुमड़न, रचना और तन्मयता के बीच बनती जमीन को जिस कांटे से छूती है, वहीं कहीं कविता की बुनत तैयार हो रही होती है। लय से कविता का रिश्ता इतना त्वरित और अविच्छिन है (अक्सर वह कविता का कारक कारण भी है) कि किसी आशय के परिपक्व होने के लिए कविता का स्थगन या परित्याग कठिन पड़ता है। वह अपने दुबके पांव से यहाँ तहाँ हर कहीं हर जगह उठती बैठती है और हलके स्पर्शों से सब चीजों को अभिषिक्त करती चलती है। उसी मनोन्मुक्तता में वह प्रकृति और अपने आस पास को, अपनी समवेशिता में लेती चलती है। जहां जाकर इस आंतरिक लय में डूबने के मनोमय विस्तार का क्रम खत्म होता है, कविता का उद्यम चुक जाता है। सुनीता फिर नये सिरे से अपने आत्मनिरीक्षण की सरहदों पर जाकर उसी आदिम अबोधता और समरसता की तलाश में नये सिरे से संलग्न होती है।

यह सब इसलिए सम्भव होता है क्योंकि हर रचनात्मक खेप के बाद सुनीता फिर से उसी आदिम अबोधता के वृत्त में लौट पाती है जो जगत से उसके संपर्क बिंदु का सारांश रहा है। कवि की बनायी सृष्टियों में जो आत्म प्रकट होता है उसमें एक विपुल विस्मयभाव है, विकट जीवेष्णा, अस्तित्व के हर उद्‌घाटन-उद्‌बोधन के लिए कौतूहल की नयी काट को छू लेने का अदम्य आकर्षण। वह रंगों, ध्वनियों, कौंधों, प्राप्तियों, प्रदूषणों, परमताओं, निकृष्टताओं को अपने आत्म पर ले लेने की बेध्यता में सदा दीखती है। यह क्रिया उसकी कविता में बार-बार उसी अबोध अछूते अकलुष के पुनर्जन्म की व्याख्या करता है। एक ऐसे अजूबे समय में जब प्रेम की विषय वस्तु मनुष्यता के संदर्भ से परे जा गिरी है सुनीता ने अकुंर भाव से खुलकर प्रेम कविताएं लिखी हैं। उसने उस फैशनपरस्त युगीन कुंठा को पूरे साहस से तोड़ते हुए यह सिद्ध करने की कोशिश की है कि प्रेम की अनुभूति से गुजरने का संकोच व्यक्तिगत नहीं अभिव्यक्तगत है। हो सकता है इन सालों में ऐसे काव्य-कथ्य से टकराने वाली एक अकेली कवियत्री हो जिसमें साहित्यिक मूल्यों (संशलिष्टता प्रतीकात्मकता सूक्ष्मता) की आड़ में अनुभूति को छिपाया नहीं बल्कि उसकी कीमत चुकाई है। वर्षों पहले डॉ० जगदीश गुप्त के 'युग्म' की तरह प्रेम के अनुभव की हर सम-विषम अवस्था को प्रकाशित किया है। इस प्रकाशन में अनुभूति का आस्वाद और यथार्थ ही नहीं अनुभूति की इच्छा कामना और स्वप्न भी शामिल हैं जिससे अनुभूति के पार्श्व निर्मित होते हैं और विस्तार लेते हैं।

सुनीता का काव्य संसार विपुल है। उसने अब तक **२३ काव्य संग्रहों** की रचना की है, जिन्हें एक साथ पढ़ते पिघली हुई सरहदों में संवेदन के चरित्र और सहजता की

विलक्षण प्रकृति का रहस्य हाथ आता है। तब कवि के सरोकारों की समग्रता को छू लेना आसान लगता है। अकृत्रिम आनन्द देने वाली बल्कि आनन्दाहत करने वाली कविताओं का प्रभाव ऐसा होता है कि कभी-कभी आस्वाद को व्यक्त करते पैमाने भी परे चले जाते हैं, तब वह संवेदन भर रह जाता है। खरी पीड़ा, खरा आह्लाद, खरी संसिक्ति, खरी अनावृत अकृत्रिम धपधप।

तिस पर भी एक महत्वपूर्ण प्रश्न पीछे छूट जाता है कि क्या इतनी विपुल संपदा को हम बड़ी कविता कह सकते हैं ? क्या बहुत सी चीजों का जोड़ एक बड़ी चीज का पर्याय हो सकता है ? आत्म विस्तार का अर्थ किस सीमांत तक जाना है ? यह तो मानना ही होगा कि अपने संवेदित कालों में यह कविताएं आत्म विस्तार की बानगियां लगती हैं —अपनी इन्द्रियों से चाहे और उगाहे गए सत्य, सत्य की अनेकानेक भंगिमाओं और छटाओं के दर्शन। वह आत्म को पूरा विस्तार तो देती हैं पर उस रिश्ते को इंगित नहीं करतीं जो इस उद्‌बोधन के वृत्त से छिटककर अपने लिए एक अलग दर्जा पा सकने में सक्षम है। (सारांश में यह कविताएं अपने सजातीय तत्वों के बीच से गुजरने के कारण ही इतना भाव-विस्तार करती हैं, जबकि बड़ी अर्थवत्ता विजातीय तत्वों, विरोधी सत्यों, अन्तर्विरोधों को पूरी द्वन्द्वात्मकता में झेलते हुए एकत्व की हमवार सतह पर खींचने का यत्न करती हैं।) एकत्व तक खिंच जाने की रचनात्मक पूर्णता यदि कविकर्म में न भी सधे तो द्वन्द्वात्मक प्रकृति का आक्रोश कविता में दीख सकता है। जीवन की व्यापकता इसी 'सम' या 'विषम' की सम्बन्धात्मक मनोभूमि में उजागर हो जाती है। इस समूचे ब्रह्माण्ड में मनुष्य की नियति का कथन भी उतना ही महत्वपूर्ण विशद और विचारणीय है जिसे विजातीय तत्वों की द्वन्द्वात्मक पहचान से ही हासिल किया जा सकता है। नश्वर अनश्वर का सवाल भी सभी जीवन रूपों का वाहक है। रचना में यह शक्ति निहित होती है कि वह इस समूचे-ब्रह्मांड में मनुष्य में नश्वरता, महत्वहीनता के वैपरीत्य को एक ट्रेजिक आयाम में प्रस्तुत करती हुई भी अपने होने के प्रफुल्ल विस्मय को प्रकट करे, चाहे यह पेड़ के बरअक्स पत्ते के विद्रोह जैसा ही क्यों न हो। कविता का पावन उन्मेष मनुष्य के कालबद्ध, नियतिबद्ध जीवनयापन में एक प्रश्नवाचक सम्बन्ध की शुरुआत करता है और अर्थवत्ता की प्रयोजनीयता को केन्द्र में रखता है। यह बड़े प्रश्न हैं पर मनुष्यों के लिए मनुष्य की नियति में होने के कारण अपरिहार्य और स्वीकार्य भी उतने ही हैं। अर्थवत्ता को उपार्जित करने के उपक्रम में जो संचित नैतिक बल है उसकी रचना भी मनुष्य ने शायद इसीलिए की होगी।

जीवन के सयानेपन और खुरदरेपन को उसी सोख्ता मनोभूमि पर झेल लेने और उसे अपने लयबोध में परिणत कर लेने की कवित्वमय आकुलता सुनीता के इधर के संग्रहों में अब कहीं जाकर दिखाई दी है। इतना रिक्त हो जाने के बाद उस आत्म-अनात्म के रिश्ते की परिधि पर सचमुच का एक बाहरी संघर्षशील संसार खड़ा दीखता है, वहां

अतृप्ति, अपूर्णता, आक्रोश से भिड़ने के लिए तैयार होने पर बहुत कुछ हमवार सतह पर आता दीखता है। लगता है यहां बना-बनाया संसार फिर से विखंडित होगा, नया रसायन निथरेगा और आत्म को जगत से अपने रिश्ते फिर से दोहराने होंगे। ऐसा तीव्रतर आभास सुनीता के नये कविता संग्रह **गंगा तट देखा** पढ़कर हाथ आया है, उसी को आत्मसात करने के उपक्रम में इतना पलटकर देखना पड़ा है।

सुनीता की काव्य यात्रा में ऐसा मोड़ कुछ देर से आया है, जिसमें कविता विविध बन पड़ी है और उसमें एक चौकन्नी बाह्योन्मुखी पर्युत्सुकता ने जन्म लिया है, पर इस बीच उसकी सृजनात्मकता में चुप्पियों और अंतरालों का एक बड़ा महासागर है। शुरू में लगा था चुप्पियों ने फिर भी सुनीता की काव्यप्रकृति को बदला नहीं, स्थगित भर किया है, यह बात उस अन्तराल के बाद आते कई काव्यसंग्रहों ने सिद्ध की। पर बाद में लगा किसी कीमती सम्बन्ध के अचानक खो जाने के तीव्रतर आघात से जन्मी पीड़ा उसके भीतर की कई श्रृंखलाएं खोल गयी। जब पहले पहल श्रृंखलाएं झनझना कर टूटती हैं, तब सबसे पहले तो तब तक का अनकहा ही कहा जाता है, नयी सृष्टि की तो तैयारी भर होती है।

यहां यह कहना अप्रासंगिक न होगा कि यह क्षति सांसारिक अर्थ में तो अपनी मां की क्षति थी। माँ को लेकर विश्व के साहित्य में भी इतनी अधिक, इतनी एकमुश्त और इतनी मार्मिक कविताएं एक ही जगह पर ऐसे उपलब्ध नहीं हैं जितनी सुनीता जैन के **जाने लड़की पगली** और उसके बाद के संग्रहों में। इन सब कविताओं के उपजाए बृहद संवेदन में से गुजरते प्रश्न उठता है कि क्या वह इकाई केवल माँ थी, जो कि मात्र जननी भर होती है? असल में इन पृष्ठों में वेदना के गवाक्षों में से झांकती स्त्री, जननी नहीं, एक ऐसा बृहद रूपक है, जिसका होना बड़ी संपदा, बड़ा सुख, बड़ा शरण्य, बड़ा संदर्भ है और जिसका न होना बड़ी क्षति, बड़ा शून्य, बड़ी पीड़ा है। इस क्षति के बाद छोटे बंजर के बड़े बंजर में तबदील हो जाने को देखना निचाट अकेलापन है। इस चुप्पी में से चौंककर यह कातर काव्ययात्रा फिर से शुरू हुई है। शुरू-शुरू में इसने पाटी हुई जगह ही पाटी है। पर अब सीधे खड़े होकर एक निर्मम संसार से जुड़ने का, अनझिप टकटकी में जागते रहने का समय आया है। **गंगा तट देखा** उसी अनवरत नदी के सिरहाने खड़ा 'जग का मुजरा देख' के लिए प्रस्तुत खड़ा है। काव्य उपकरण तो पहले ही सुनीता के पास थे, अब लग रहा है, अनात्म से उनके रिश्ते पर पड़ती वस्तुपरक खरोंचें दिखाई देने लगी हैं।

आशा करनी चाहिए कि काव्याभिव्यक्ति के उपकरणों से लैस सुनीता की काव्य-यात्रा बड़े क्षितिजों को छू पायेगी। **जाने लड़की पगली** की '*सदानीरा*' कविता में क्षीण रूप से प्रकाशित होता मनोभाव इस नये संग्रह में नये सिरे से, नये और बाहरी अनुभवों द्वारा मर्माहत होने को तैयार हुआ है।

मेरे लिए ऐसा कहना आसान है क्योंकि सुनीता के काव्य संसार से मेरा एक लंबा

आस्वादपरक रिश्ता रहा है। लगातार सोचती रही हूँ कि इन सुंदर, सहज, आस्वादपरक, अतिस्पंदित और सौम्य कविताओं को अपना देय क्यों नहीं मिला? नये संग्रह ने इस असमंजस को भी किंचित स्पष्ट किया। सोचने की जरूरत पड़ी है कि कहीं ऐसा तो नहीं कि अब तक की कविताओं में मर्माहत पीड़ा, सौम्यता, समरसता, विश्रांति ही रही, तड़प, खोज और बेचैनी नहीं, जहां जाने के लिए 'आत्म' को पहले 'अनात्म' कर देना पड़ता है ताकि वह हर किसी का आत्म बन सके। इस अनात्मीय संसार में जितना विग्रह विखंडन और व्याकुलता है, उसे उघाड़ने में अपनी समरसता के उद्यापन का स्वभाव भी बदलता है। रचनात्मक शुद्धिकरण की प्रक्रिया के तहत सारे द्वन्द्व को झेलते हुए, दूरगामी विपरीतों के बीच एकत्व साध पाने की शक्ति ही हमें बड़ा रचनाकार बनाती है।

इस नये संग्रह की कविताओं की बुनावट में कुछ अटपटापन बढ़ा है, पर सरोकारों की आत्मा विस्तृत हुई है। सांस्कृतिक क्राइसिस की परछाइयाँ गहराने लगी हैं, बिंब बदलने लगे हैं "हड्डियों का कट्टर विरोध" अनिश्चय को स्थान मिलने लगा है (मेरे सोच और संकोच के मध्य से होता)। यहाँ कवयित्री ५५ वर्ष परिपक्वता को अकुंठभाव से स्वीकारती हैं। ऋतुओं से रिश्ता बदलता है—"ऋतुएं क्यों गुजर जाती हैं मेरे शहर से अलक्षित"। दूर तक जाती दृष्टि के बिंब सामने आये हैं—"तो भी सौ बरस तो लगेंगे ही, खंडहराने में" या फिर "इतिहास दोगला बदल गया अपनी पटरी" या कि '*पर्दा गिरता है*' कविता में नियति के विराट में एक साथ घटती दो दुर्घटनाएं। दोनों की जमीन कितनी विसंगत, विपरीत। बहुत से उदाहरण हैं :

एक आवाज थी उसके पास गूंगे कुछ मंत्रों में

एक कमजोर समय में कमजोर कवियों से घिरी
वह पढ़ती है लकीरें / अपने हाथ की

महानगर टेलीफोन का स्वरांकित संदेशा
किसके स्वर को, किसके स्वर का?

यह दौर बहुत भूखा है

कैसे मनमार जिया जीने को

मैंने किसी को मरते नहीं देखा
इतने धीमे और लगातार
खंडहरों तक को नहीं
पत्थर के फर्शों को क्या याद रहेगा / उसका आकार

'वह आयेगी' और *'गंगा तट देखा'* कविताओं में तो पहले वाली भाषा के परिधान भी झड़ गए हैं। एहसास में गदरायापन आया है। नियति बोध गहराया है। *शर्त* कविता में ऊर्जा जगह पा रही है, काल की पहचान का संदर्भ उभरा है। आत्मदयाहीन जीवेष्णा का तेज है। अंत की ओर जाती कविताएँ व्यक्ति संदर्भों से छूट कर उदात्त (sublime) की श्रेणी में प्रवेश कर रही हैं। *'नाप'*, *'आकार'*, उदात्त की व्यापक होती थाप, संग्रह की अंतिम दो कविताओं, *'ऐसे ही किसी दिन'* और *'चुपचाप आयेगा'* में लपकती आई है।

अच्छा तो यह है कि यह एहसास प्रार्थना के मूड में पर्यवसित न हो, जीवन के तेज-अतेज को रचना की भाषा में झेले, क्योंकि ऐसा तीव्र मोड़ रचना कर्म के दौर में बार-बार नहीं आता। दर्द और एकांत में जिसे पोषित किया गया है, वह आत्मबोध, विसंगत, वीभत्स, विरूपित, विघटित पर चोट करने के शोर में भी शामिल हो। इन चीजों पर चोट करना मूल्यवान चीजों के हक में होना है। भीतर के सौंदर्य की मांग इस तरह भी निरूपित होती है।

उपरोक्त के बावजूद और उससे अलग जिस बात को रेखांकित किया जाना आवश्यक है वह यह कि पिछले चालीस वर्ष से लगातार पल पल पैंतरे बदलती सृजनात्मक एकांत को भंग करती हिंदी कविता न केवल अति मुखर, सपाट और एकांगी हुई है, उसने अपने घटकों को भी घायल किया है। ऐसे में एक पुरानी पुख्ता हवेली के प्रकोष्ठों में बच गये किसी मुट्ठी भर अन्य समय के रोमांचकारी बोध सा सुनीता की कविता का अपना धैर्य और अकेलापन मूल्यवान तो है ही, शायद इस बात की चुनौती भी है कि साहित्य की तात्कालिक राजनीति कुछ भी क्यों न हो, अपनी जमीन पर ऐसी नैसर्गिकता से समृद्ध लेखन को उसी के सीमान्तों पर जाकर जगह देनी होती है।

छाया कहीं बड़ी है

—डॉ. रणवीर रांग्रा

जीवन कतराने का नहीं जीने का नाम है—जीना भी ऐसा जो भोगने और सहते जाने से भिन्न हर स्थिति-परिस्थिति के लिए तैयार रहने और अपनी पूरी शक्ति के साथ उससे जूझने को उद्यत हो। पर यह सब कहना जितना आसान है, निभा पाना उतना ही दुष्कर है। आज का जीवन जटिल से जटिलतर हो रहा है। उसकी सबसे बड़ी विडंबना है खंड-खंड बंटकर कई स्तरों पर जीने की मजबूरी जो पुरुष की अपेक्षा नारी को अधिक घेरे रहती है। अपनी और अपनों की परस्पर-विरोधी आकांक्षाओं-अपेक्षाओं के बीच सन्तुलन बैठाने के प्रयास में अनेक बाहरी और भीतरी तनावों-दबावों को झेलते-झेलते टूटकर बिखर जाने की नौबत उसके जीवन में बार-बार दस्तक देती रहती है। घर की चारदीवारी से बाहर निकलकर कुछ कर गुजरने की चाह उसे जीवन के महासमर में ले आती है, पर सर्वाधिक युद्ध तो इस आधुनिका को अपने भीतर आसन जमाए बैठी संस्कारबद्ध प्राचीना से करना पड़ता है जो पग-पग पर उसका मार्ग रोक कर खड़ी हो जाती है। विवाह ने जब से अनुष्ठान की गद्दी से उतर कर बराबरी के समझौते का रूप धारण किया है, पति-पत्नी के सम्बन्ध भी पहले जैसे नहीं रहे। दोनों के स्फीत अहं की टकराहट से या बाहर के किसी तीसरे के प्रवेश से या प्रवेश के भ्रम से उनके सम्बन्धों में दरार पड़ते अब देर नहीं लगती। इस सबका प्रभाव घर-गृहस्थी पर पड़ता है, यदि घर-जैसा कुछ बचा हो या उसे बचाए रखने की चाह हो।

आज के जीवन की ऐसी असंख्य विभीषिकाओं को सुनीता जैन की कविताओं में मार्मिक अभिव्यक्ति मिली है। जीवन को उसकी समग्रता में आँकने का प्रयास उनमें साफ झलकता है। इसीलिए किसी पक्ष-विपक्ष विशेष में अटके-भटके बिना वे अपनी विविधता बनाए रखती हैं, पर अपनी गहरी पकड़ पर आंच नहीं आने देतीं। उनके भीतर का संवेदनशील कवि कब और किस विषय को लेकर आंदोलित हो उठेगा, यह वह स्वयं भी नहीं जानतीं। उनकी कविता के सरोकारों के लिए कोई रोक नहीं, कोई टोक नहीं, कोई पराया नहीं, कोई अछूत नहीं। उनके तीन कविता-संग्रह **हथकड़ी में चाँद**, **इतना भर समय** और **छाया कहीं बड़ी है** उनके काव्य-वैविध्य के गवाह हैं।

सुनीता जैन के लेखन से मेरा परिचय आज से तीस-पैंतीस साल पहले हुआ था जब उनकी अभिव्यक्ति की मुख्य विधा कथाकेन्द्रित थी। तब उनका पहला उपन्यास

बोज्यू छपा था और चर्चा का विषय बना हुआ था। मुझे वह अच्छा लगा था और एक गोष्ठी में मैंने उसकी समीक्षा भी की थी। उसके बाद उनके लेखन से मेरा संपर्क लगभग टूटा ही रहा। अचानक एक संगोष्ठी में उनके लेखन से मेरा संपर्क सूत्र पुनः जुड़ गया। उसमें उन्होंने अपनी प्रतिनिधि कविताओं का पाठ किया था। वहीं मुझे पता चला कि तब की प्रबुद्ध कथाशिल्पी आज प्रसिद्ध कवयित्री बन चुकी हैं और पिछले दो तीन दशकों में उनके बीस के लगभग कविता-संग्रह प्रकाशित हो चुके हैं, हिन्दी और अंग्रेजी दोनों भाषाओं में। उनके तीन कविता-संग्रह तो हाल ही में छपे हैं जिनमें **छाया कहीं बड़ी है** उनका प्रतिनिधि संकलन है।

इन कविताओं की उल्लेखनीय विशेषता है इनकी सहजता। सहजता सुनीताजी की कविता की जान है। उनकी कविता सहजता में से उपजती है, सहजता में ही बढ़ती जाती है और सहज ही समाप्त हो जाती है। पर समाप्त होते-होते अपनी मार्मिकता में वह भीतर तक बेध जाती है। न कहीं बनावट, न कहीं बुनावट, न आक्रोश का स्वर, न कहीं कटाक्ष का तेवर। बस, हल्के आलोक के सहारे पूरी मनःस्थिति को उजागर कर समूचे परिप्रेक्ष्य को सार्थक बना देती है। उनकी कविता '***पुष्कर***' को ही लें। ऐसे तीर्थस्थल की घोर उपेक्षा और उसमें चारों ओर फैले प्रदूषण से उत्पन्न वितृष्णा किसी भी सैलानी को बेचैन कर सकती है और उसी बेचैनी पर यह रचना केन्द्रित है। पर उसका अन्तिम पद पूरे परिप्रेक्ष्य को बदलता हुआ यात्री के साथ-साथ पाठक को भी उसकी व्याकुलता से मुक्ति दिला देता है : "पर लौटो घर अपने, / तुम क्यों हो चिन्ता में ?, / ईश्वर है ईश्वर, नित / भक्तों की भक्ति में, / मैं ब्रह्मा—/ सृष्टि का स्रष्टा / कैद नहीं पुष्कर में।"

उनकी कई कविताएं आत्मकथा पर आधारित प्रतीत होती हैं आरंभ में। पर ज्यों-ज्यों वे आगे बढ़ती हैं, उनकी आपबीती जगबीती लगने लगती है और रचना के समाप्त होते-होते हर किसी की स्वानुभूति के दायरे में आ जाती है। उनके कविता संग्रह **इतना भर समय** की कविताएं '*मांजी-२*', '*मांजी-४*' और '*चुप से चुपतर*' जो बुजर्गों के प्रति उनकी सन्तानों की बेरुखी को उजागर करती हैं, एक प्रकार से आज के युगसत्य को ही रेखांकित करती हैं। उनके संग्रह **हथकड़ी में चाँद** की कविता '*मौसम* ' आत्मपरक लगते हुए भी जीवन की बाहरी सम्पन्नता की व्यर्थता को व्यक्त करती है, भीतरी सम्पन्नता को तलाशती हुई। इस दृष्टि से उनके संकलन **छाया कहीं बड़ी है** की कविता '*पचपन बरस*' बड़ी मार्मिक है, इस अर्थ में कि वह चिड़िया के प्रतीक के सहारे संघर्ष-भरे जीवन की व्यथा को उकेरती है जो किसी की भी आपबीती हो सकती है : "कि पचपन बरस में / कई बार—नहीं, कई-कई बार / मर कर भी नहीं मरती चिड़िया / क्योंकि / बहेलियों के जाल / छर्रों की बौछार, और / पिंजरों की गुमनामी के बाद भी / लौटना होता है उन्हें यकीनन / घर के छज्जों, खिड़की / और बंद दालानों में।" चिड़िया के बहाने यह कविता असंख्य लक्ष्मणरेखाओं से घिरे नारी-जीवन की छटपटाहट को भी

वाणी देती है।

नारी-जीवन की असंख्य जटिलताओं, उसके अनन्त संघर्ष को सुनीता जैन की कई अन्य कविताएं भी अपना विषय बनाती हैं, पर नारी की समस्याओं को उठाते हुए वह मात्र नारी नहीं रह जातीं, तटस्थ भाव से उनके मूल कारणों को टटोलती हुईं उसकी स्वावलंबी होने की चाह को सही परिप्रेक्ष्य में रखकर देखती हैं, सहज भाव से—किसी तरह के उतावलेपन के बिना। नारी-स्वतन्त्रता के नाम पर चलने वाली मनमर्जी उन्हें कचोटती है। यह उस सहजता का ही परिणाम है कि उनकी कविताओं की नारी अपने भीतर की अपार शक्ति को पहचान कर अपने आत्मविश्वास और मनोबल के सहारे हर स्थिति-परिस्थिति का सीधे मुकाबला करती है, प्रतिक्रियात्मक तेवर अथवा आक्रामक मुद्रा को नकारते हुए। उनकी कविता '*सॉरी*' में नारी का आत्मविश्वास और उसकी दृढ़ नींव अप्रतिम है : "मैं दावा करती हूं कि / मुझे कुछ नहीं होना है, कि / मैं जिस भी रूप/जिस शब्द में व्यक्त हूं—हूं। कुछ और होकर मुझे / कुछ और नहीं होना है / क्योंकि मैं सतत सृजन हूं—अपने गोपी-रूप / अपने पिछड़ेपन / रोटी-बेलन या कविता लिखने में / ... मैं अपनी दो गज धरती का / पहले खनन करती हूं/ फिर उसमें बसती हूं /...तुमसे यों हर पल आगे / आगे / आगे चलती हूं।"

परस्पर-संबंधों में आई दरार और उससे उत्पन्न व्यथा का एक और चित्र देख :

"तुम्हें मैंने गहा/एकनिष्ठता का वह हठ मेरा था / मेरा उपक्रम /
छुपी रहूं तुम्हारे नाम में / .. तुम बोने निकले / या मैं चढ़ गई
आकाश / कौन जाने / चाहने से / सपने टूटते हैं / सच नहीं होते।"

ऐसा ही एक और चित्र—

"तिरता हुआ आप ही आप / वह हमारे बीच खिल आया /
तुम्हारा-मेरा सम्बन्ध / ...पर झेल नहीं पाया / पहला ही प्रहार /
यह बहस अब व्यर्थ है / कि वह किस से हुआ / किस प्रकार /
.. उसके बाद बहुत कुछ तुम्हारे नाम लिखा गया /
और कम नहीं पाया मैंने /... पर कितने सतर्क हो गए हैं हम /
फूलों की संभावना से।"

पुरानी यातनाओं की याद बड़ी कष्टकर होती है। सारे पुराने जख्म फिर से हरे हो उठते हैं और उनकी टीस प्रतिकार की भावना को उकसाती है। पर उपर्युक्त कविताओं में ध्वनित सब कुछ धैर्यपूर्वक झेल जाने की हिम्मत और किसी प्रकार के प्रतिकार के प्रति बेरुखी आन्तरिक दृढ़ता और स्वावलंबन की अदम्य चाह की परिचायक है। स्वावलंबन की यह चाह, लगता है, इस नारी को घुट्टी में मिली है माँ से और इसकी गवाह है इस संग्रह की कविता 'आशीष' जिसमें माँ-बेटी का वार्तालाप नारी-स्वावलंबन की सार्थकता को उजागर करता है :

"मिला नहीं कोई जो / बढ़ा हाथ हाथों को / ले लेता अपने में,

कहता :/ 'लाऊंगा मैं / तारा नभ से एक-एक कर पूरा करने /
तेरे हर सपने को' / वे होती हैं और तरह की /
किसी लता सी / पल्लव-पल्लव डरने का / अभिनय सा करतीं /
हां में हां भर बात-बात में / मन मर्दों का रखतीं / दो कंधों पर लिए
हुए मैं / अपनी गृहस्थी और / स्वयं अपने को / चूर हो गई,
बट-बट इन गिद्धों को / इसलिए जन्म अगले में / जन्म यदि
तुम दो मुझको तो / देना एक लचीला तन / चंचल आंखें,
मक्कारी / दिन भर अलसा-अलसा कर / क्षमता, धूर्त भरी पाचन की"

पर उसकी लता बनने की चाह को नकारती हुई माँ बेटी को यह आशीष देती है:

"तेरे जैसी हर लड़की के / शेषनाग संकल्पों पर, सुन / गोवर्धन
अब तक रहा अड़ा/ ...ले मेरा आशीष, जन्म से / जन्मान्तर तक /
तुझमें उपजे नहीं लता।"

यह और ऐसी अन्य कविताएं सुनीता जैन के सृजन को फेमिनिस्ट-लेखन से अलग कर उनकी अपनी स्पष्ट पहचान बनाती हैं।

सुनीता जैन का संवेदनशील मन और प्रबुद्ध मानसिकता उन्हें जीवन की हर प्रकृति-विकृति के प्रति सजगता प्रदान कर संकीर्णता के प्रत्येक दायरे से मुक्त किए रखती है। आधुनिकता के प्रमुख रंग को उघाड़ती उनकी कविता *बदलने को* लें :

"बदलने को तो / बहुत कुछ था / सड़कों पर लिखे / मात्रादोष
वाले नाम / बड़ी माँ के / बिस्तर की चद्दर / फूलदान में / पिछले
सप्ताह के फूल / बदला तो बस कुर्सी से / कुर्सी पर अपना स्थान /
फाइल में यहां वहां / अपना फैसला / ...और काम निकलते ही /
अपनी नजर /"

आज के युग में बुजुर्गों की घोर उपेक्षा का बेजोड़ चित्रण उनकी कविता '*तस्वीर*' में मिलता है : "जब तक वह / जीती थी / मुंह से भी न / बोला कोई / ...जैसे उसकी / अर्थी निकली / बैठक में / तस्वीर सजाई।" आकार में छोटी पर प्रभाव में अत्यन्त प्रखर ये कविताएं व्यक्ति-सत्य से आरंभ होकर कितनी सहजता से युग-सत्य तक पहुंचा देती हैं, यह देखते ही बनता है। आज के साहित्य-जगत का सत्य तो और भी निराला है तथा भयंकर भी। साहित्य को पछाड़ कर पुरस्कार इस तपोभूमि का एकमात्र सत्य बन बैठा है। पुरस्कारों की बढ़ती संख्या साहित्यकार को महानता प्रदान करने की बजाय उसे निरन्तर बौना बना रही है— पुरस्कारों के रेसकोर्स का मात्र एक घोड़ा। इस दृष्टि से सुनीता की कविता '*रेसकोर्स*' उल्लेखनीय है :

"गाड़ कब्र दी दो दशकों ने / कलमें कैसी-कैसी / पौध उगा दी
उसके ऊपर / बहरे, भैंगे बौनों की/ ...बिखर गए हम अलग-अलग /
बैठ बिलों में देख रहे कि / साहित्य मात्र पुरस्कार / पदक /

रेसकोर्स की बाजी / दौड़ रहा लो, लेखक-अश्व।"

किसी गुट से न जुड़ पाने का, सस्ती वाह-वाही से वंचित रह जाने का उन्हें कोई मलाल नहीं, कोई पछतावा नहीं। मलाल इसलिए नहीं कि अपनी धुरी से तनिक भी विचलित होना उन्हें स्वीकार्य नहीं। उनकी धुरी मजबूत है और नींव पक्की, यह बात हमें उनकी यह कविता बताती है :

"कि जहां कुछ भी / नहीं रह जाता,/ न अटारी, न चौबारा,/
न सत्ता / न शासक / न कबीला,/ न सरदार... / वहां किसी
अनाम का / अनाम के नाम / लिखा रह जाता— / शिला पर,/
वृक्ष पर—/ शब्द एक / प्यार।"

इस प्रकार, आज के इस आपाधापी के युग में जब एक-एक कर सारे जीवन-मूल्य धन और सत्ता की आंधी में तिनकों के समान उड़ चुके हैं और पैसा ही एकमात्र मूल्य बन बैठा है, सुनीता जैन की कविता इस अंधी दौड़ के बीच ताजा हवा के ठंडे झोंके के समान थके-मांदे राही को भीतर तक छू कर सचेत और सक्रिय बनने को उकसा जाती है, जो अपने-आप में कोई कम उपलब्धि नहीं है। फिर भी इतना जरूर है कि उनके पुराने पाठकों को उनका कविता में पूरी तरह निमज्जित होकर कथा-कहानी से संन्यास ले लेना थोड़ा अखरता है। खासकर इसलिए कि उनके आरंभिक कहानी-उपन्यासों ने आश्वस्ति का भाव जगाया था। अभिव्यक्ति के माध्यम के रूप में एकाधिक विधाओं को अपनाना मना है क्या?

समीक्षा सितम्बर 1998

संवेदनों की संहिता

—डॉ० हरदयाल

पुस्तक-रूप में सुनीता जैन की कविताओं का प्रकाशन **हो जाने दो मुक्त** (१९७८) से प्रारम्भ हुआ। उसके बाद उनके एक-के-बाद एक कविता-संग्रह प्रकाशित होते रहे और अब तक दो दर्जन के लगभग कविता-संग्रह प्रकाशित हो चुके हैं। इधर पिछले तीन वर्षों से तो उनके कविता-लेखन और उसके प्रकाशन की गति बहुत तीव्र हुई है। एक-एक वर्ष में उनके कई-कई कविता-संग्रह प्रकाशित हुए हैं। ऐसा लगता है जैसे उनके भीतर भावनाओं का ज्वार बहुत तीव्रता से उमड़ रहा है और वे उसे शब्दबद्ध करने के लिए विवश हैं। वे अपनी कविताओं में जिन भावनाओं को व्यक्त कर रही हैं उनका सम्बन्ध प्रेम, परिवार, प्रकृति और परमात्मा से है। इनके अतिरिक्त उनकी भावनाओं के कुछ आलम्बन और भी हैं लेकिन वे विरल हैं। उन्होंने अपनी कविताओं में उन लोगों की व्यथा-कथा भी कही है जो वंचित और शोषित हैं किन्तु इनके सम्बन्ध में लिखते समय समाजवाद या साम्यवाद जैसी किसी विचारधारा से वे प्रभावित नहीं रही हैं। उनकी व्यथा को उन्होंने किसी विचारधारा के चश्मे से न देखकर शुद्ध मानवीय दृष्टि से देखा है। इस दृष्टि में मानवीयता तो है मानवतावाद जैसी कोई रूढ़ दृष्टि नहीं है। वे मुख्यतः तीव्र इन्द्रियसंवेदनों, भावावेगों और आस्था की कवयित्री हैं। इसीलिए उनकी कविताओं को संवेदनों की संहिता कहा जाये तो अनुचित न होगा।

विगत दो दशकों (१९७८-१९९८) में उनके जो कविता-संग्रह प्रकाशित हुए हैं, उनमें एक स्पष्ट विकासक्रम परिलक्षित होता है, किन्तु हम इस लेख में उसकी चर्चा नहीं करेंगे, क्योंकि इस समय हम उनके तीन कविता-संग्रहों—**सच कहती हूँ** (१९९५), **लेकिन अब** (१९९६) और **इतना भर समय** (१९९८) तक ही अपने को सीमित रखेंगे। अगर उनके अन्य संग्रहों की कुछ चर्चा होगी तो प्रासंगिक तौर पर।

प्रेम सुनीता जैन की कविता का एक केन्द्रीय भाव रहा है। इन तीन संग्रहों में भी उनकी कुछ कविताएं ऐसी हैं जो प्रेम की भावना को अभिव्यक्त करती हैं। **सच कहती हूँ** संग्रह की '*रसना*' शीर्षक कविता में वे कहती हैं—"किन्तु मुझको / लिखने योग्य मिला तो / केवल प्यार मिला।" इसी संग्रह की एक अन्य कविता '*ढाई अक्षर प्रेम के*' (वैसे 'प्रेम' में दो ही अक्षर होते हैं, ढाई नहीं) में वे अपने मन को प्रेरित करती हैं— "ढाई अक्षर प्रेम के / मन, गाना / दोहराना / कभी झील में / कभी कमल में / कभी हंस के / धवल

युगल में / इसको सुनने / जाना / मन / गाना।" उन्हें आज भी किसी के पत्र की प्रतीक्षा है—"लेटर-बक्स भले खाली था / पर कहना क्या तुमने / सच ही / पत्र नहीं भेजा।" **लेकिन अब** संग्रह की कविता '*यूँ ही होना है*' में शुक और शुकी तथा पिक और पिकी के बीच की शंका, प्रेम और उन्माद की अभिव्यक्ति की गयी है, जो आसानी से स्त्री-पुरुषों के प्रेम पर घटित हो जाती है। इन संग्रहों की एकाधिक कविताएं विगत प्रेम की स्मृतियों को चित्रित करती हैं और पुराने प्रेमियों के बहुत दिन बाद मिलने पर उनके विभिन्न मनोभावों को पकड़ने की कोशिश करती हैं। '*चन्दन*' शीर्षक कविता में कवयित्री प्रश्न उठाती है कि प्रेम क्या कहानी है? उसे कब, कहां किसको सुनाना है? आखिर प्रेम है क्या? और उत्तर देती है कि प्रेम आस्था है, भक्ति है, स्वयं शिव हैं—

मैंने लिया चन्दन / बूँद एक / माथे रखा / कर जोड़, आँखें बन्द /
मैंने कहा—ओम नमः शिवाय / ओम नमः शिवाय / ओम नमः शिवाय
पुनः कहा / पुनः कहा / पुनः कहा। **(सच कहती हूँ)**

आज सुनीता जैन प्रेम की भावना को व्यक्त करने वाली जो कविताएं लिख रही हैं उनमें तीव्र भावावेग तो है, किन्तु इन्द्रियबोध कुछ झीण हुआ है। प्रारम्भ में उन्होंने प्रेम की जो कविताएं लिखी थीं, उनमें सघन इन्द्रिनबोध था, प्रेम की तीव्र मांसल अनुभूति थी। '*सच कहना*' शीर्षक कविता में उन्होंने पूछा था—"इस लम्बाई / गोराई / गदराई के / सूक्ष्म पारखी / अथक भोगी / सच कहना / कभी इनमें / 'मैं' भी मिली?" **(कौन-सा आकाश)** उस समय स्पर्श से तन के अंगार बनने की बात कवयित्री कहती थी--

छुआ किसने फूल हो गया / धरती का मैला रंग /
चटक कर लागा किसके अंग / बीन-सा / कुहुक उठा
रस-धार भीग मन / उमड़ा तन / अंगार हो गया **(हो जाने दो मुक्त)**

अब लगता है कि 'लम्बाई, गोराई, गदराई का सूक्ष्म पारखी' दृष्टि से ओझल होकर पृष्ठभूमि में चला गया है और 'इस लम्बाई, गोराई, गदराई,' में व्याप्त 'मैं' की खोज महत्वपूर्ण हो गयी है। इसीलिए अब कवयित्री जीवन और जगत को एक दार्शनिक की तरह देखने लगी है। वह शंकराचार्य की तरह अनुभव करती है कि दृश्यमान वस्तुजगत मात्र सपना है—

उसने / सोचा था / वृक्षों पर / पत्ते हैं / पत्तों के नीचे / कलिका
कलिका में / बीज-कोष / और बीजों में / अँखुआ / सहसा / खुल गयी /
आँख / भरी रात में / कुछ भी न था— / सपना था, / बस!

(लेकिन अब)

इसी प्रकार उसका यह कहना कि "जान / लेना / ही / तो अपनी जान लेना है।" (*वही*) एक दार्शनिक की सूक्ति जैसा है। '*मीना को जल*' शीर्षक कविता में वह जैसे उस परमात्मा का आवाहन कर रही हैं जो भिन्न-भिन्न प्राणियों में और भिन्न प्राणियों के लिए भिन्न-भिन्न रूप धारण करता है—

मीना को जल / पक्षी को दाना / तरुवर को रंग / मरुत को गाना /
मुझमें कविता / कविता होकर / आना / आना / आना (वही)

लेकिन इसका अर्थ यह नहीं है कि कवयित्री जीवन और जगत से उपराम हो गयी है। नहीं, वह जीवन और जगत में पूरी तरह संपृक्त हैं। जीवन की नश्वरता, अपनी लघुता, सृष्टि की अनन्तता और दृश्य जगत की यथार्थता पर सन्देह करती हुई भी (**सच कहती हूँ**) पूरी कर्मठता के साथ जीवन जी रही है और अपने दायित्वों का निर्वाह कर रही है, यद्यपि कर्मठता से कभी-कभी ऊब भी होती है—

दो कन्धों पर लिये हुए मैं / अपनी गृहस्थी और / स्वयं अपने को /
चूर हो गयी, बंट-बंट इन गिद्धों को / इसीलिए जन्म अगले में
जन्म यदि तुम दो मुझको तो / देना न पैरों में अंगद / न हाथों
में निष्ठा / न भीतर यह सच की शक्ति / न रीढ़ ही कर्म की।
देना एक लचीला तन / चंचल आँखें, मक्कारी, दिन-भर अलसा-
अलसा कर / क्षमता धूर्त भरी वचन की... (**इतना भर समय**)

सम्भवतः इसी ऊब का परिणाम है उनकी कविताओं की वह नस्ताल्जिया जो बचपन की तथा निश्चिन्तता और सुख के बीते दिनों की स्मृतियों से भरी हुई है। (**इतना भर समय**) संसारी लोगों की स्वार्थपरता, दिल्ली जैसे महानगर में रहने वाले लोगों की असंवेदनशीलता और क्रूरता, युवा पीढ़ी के द्वारा पुरानी पीढ़ी के लोगों की उपेक्षा, 'बूढ़ों की दुखद स्थिति, वंशजों का दुरंगापन, आदि उन्हें नस्ताल्जिया की ओर और अधिक धकेलते हैं। नस्ताल्जिया की जड़ें अकेलेपन की अनुभूति में भी हैं। कवयित्री को लगता है कि उसका मन रिक्त है। वह रात और दिन के निर्नाक को तोड़ने के लिए अपने सभी दरवाजे, सभी खिड़कियां खोले रखती है, लेकिन किसी के आने की दूर तक कोई आहट नहीं सुनाई देती। खिड़की के नीचे झाड़ी में तरह-तरह की चिड़ियां क्रीडामग्न हैं लेकिन—

सच ही क्या ये / नहीं जानतीं / अपनी खिड़की में अब /
इस सर्दी मैं / खड़ी अकेली? (**सच कहती हूँ**)

सुनीता जैन के इन तीनों कविता-संग्रहों में, जिन्हें आधार बनाकर हम उनकी कविता की चर्चा कर रहे हैं, माँ को लेकर अनेक कविताएं संगृहीत हैं। इधर माँ को लेकर उन्होंने इतनी अधिक कविताएं लिखी हैं कि उनका इन कविताओं का एक अलग संग्रह ही प्रकाशित हो गया है **जाने लड़की पगली** (१९९६)। हिन्दी में शायद ही किसी कवि या कवयित्री ने माँ को लेकर इतनी अधिक और इतनी संवेदनापूर्ण कविताएं लिखी हों। इस दृष्टि से उनकी ये कविताएं अप्रतिम हैं। उनकी इन कविताओं को पढ़कर लगता है जैसे वे माँ-मय हो गयी हैं। माँ के प्रति उनमें जैसी आसक्ति है वैसी सामान्यतः नहीं होती। इस आसक्ति का मूल क्या है? फ्राइड की मनोवैज्ञानिक स्थापनाओं में आस्था रखने वाले तुरन्त कह देंगे कि कवयित्री मातृग्रन्थि से ग्रस्त है। यह असम्भव नहीं है। हमें लगता है

कि इतनी दूर तक इस असामान्य मातृ-प्रेम का कारण खोजने के लिए जाने की आवश्यकता नहीं है। कवयित्री की माँ सम्बन्धी कविताओं से स्पष्ट है कि बदलती हुई स्थितियों में पुत्रों ने वृद्ध माँ की उपेक्षा की है। उसने इस उपेक्षाजनित माँ की दुरावस्था के अनेक करुण चित्र अपनी कविताओं में अंकित किये हैं।

'बिजनेस बड़े-बड़े' **(सच कहती हूँ)** कविता में उन्होंने लिखा है कि वृद्धाएँ भिनभिनाते अस्पताल के बिस्तर पर पड़ी-पड़ी नर्सों की झिड़की खाती हैं—"तुम्हारे घर का लोग आता काहे कू नहीं? दवा नहीं जूस नहीं, फिर तुम क्यों मरने के वास्ते आता यहीं? अरे माई तुम्हारा कोई है कि नहीं?" वे नर्सों को बरजती हैं—"मैं कमला देवी। मेरा बेटा अमरीका रहता। दूर नौकरी करता। मैं हीराबाई। मेरे बेटों का बिजनेस बड़ा। समय नहीं मिलता।" इन माँओं के इन कथनों पर नर्से मुँह बिचकाती हैं। कमला देवी बर्फ में लगी शवगृह में पड़ी है। हीराबाई की अरथी गाड़ी की डिग्गी में हिलती-हिलती गंगा जा रही है। बेटे बड़ी-बड़ी व्यापारिक गतिविधियों में व्यस्त हैं और उनकी पत्नियां नौकरी में। अगर कोई कहता है कि माँ धरती से भारी होती है तो उत्तर मिलता है—"नान्सेन्स! इट इज अनसाइंटिफिक।" कवयित्री उन सारी माँओं की व्यथा का अनुभव करती है, जिन्हें उनकी सन्तानों ने छोड़ दिया है। तीर्थस्थलों पर छोड़ी गयी वृद्धाओं की दुर्दशा उसने देखी है। वृद्धों-वृद्धाओं की यह दुर्दशा आज की पूंजीवादी भोगवादी व्यक्तिकेन्द्रित बाजारी सभ्यता का यथार्थ है। इसके अपवाद भी मिलते हैं। ऐसे एक अपवाद का चित्रण *'अपवाद'* शीर्षक कविता में किया है। **(इतना भर समय)** अपनी माँ की सेवा करने वाले बेटे के साथ उसने यह जोड़ दिया है कि उसकी पत्नी अपढ़ देहाती है। हमारे विचार से माँ की सेवा करने के लिए यह आवश्यक नहीं कि कोई स्वयं अपढ़ हो या उसका जीवनसाथी अपढ़ हो। वस्तुतः यह संस्कारों का मामला है, साथ ही संवेदनशीलता और माँ की स्थिति में स्वयं को रखकर देख पाने की कल्पनाशीलता का।

सुनीता जैन ने अपनी माँ सम्बन्धी कविताओं में माँ की व्यथा के जो चित्र अंकित किये हैं उनमें अपनी माँ से सम्बन्धित अनेक स्मृतिचित्र हैं। इस व्यथा को वे अपनी गहन संवेदनशीलता और परदुःखकातरता के कारण तो अनुभव कर ही सकी हैं, साथ ही स्वयं माँ बनने पर माँ को पहचान सकने के कारण भी। *'मैंने देखे'* कविता में उन्होंने लिखा है—"धीरे-धीरे / जीवन ने / सिखलाया / माँ क्या होती है। अपनी बेटी को / जब मैया/ मैंने माँ हो / प्यार किया।" **(सच कहती हूँ)** इसीलिए उन्हें माँ सबसे अधिक प्यारी लगने लगी और उन्होंने अनुभव किया कि माँ कभी नहीं मरती है।

जैसे वैयक्तिक प्रेम की भावना में से सुनीता जैन की कविताओं में मांसलता कम हुई है उसी प्रकार उनके प्रकृति प्रेम में भी चित्रात्मकता कम हुई है, यद्यपि प्रकृति के प्रति उनका आकर्षण कम नहीं हुआ है। अब भी वे प्रकृति को लेकर बराबर कविताएं लिख

रही हैं और ऐसी मानवीकरणयुक्त चित्रात्मक कविताएँ प्रस्तुत कर रही हैं—

घोंसले से गिरे / पिछले वर्ष के / तिनके बीनती रही वह।
चुपचाप / छज्जे पर बैठी / धूप को आखिर / कुछ काम था क्या /
कहीं और भी ? **(लेकिन अब)**

प्राकृतिक दृश्य एवं क्रिया-व्यापार उनमें तरह-तरह के मनोभाव जगाते हैं। जब वे सागर को देखती हैं तो उनका जी दहलता है क्योंकि—

खोया-सा / जलपोत वहाँ था / इतने अतल / अंधेरे जल में /
जाने कब-कब / क्या-क्या डूबा। **(सच कहती हूँ)**

उन्होंने प्रकृति को मानव-सन्दर्भ में देखा है। इसीलिए उनके प्रकृति-चित्रों में प्रकृति और मनुष्य में परस्पर बिम्ब-प्रतिबिम्ब भाव मिलता है—

आकाश पर / कसीदे-सा / इतने ऊँचे जाकर / फूल खिला यह /
लाल ढाक का :/ उन दोनों के अनुछुए प्यार सा / **(लेकिन अब)**

सुनीता जैन की कविताओं को पढ़ते समय हम यह अनुभव करते हैं कि साहित्य के प्रति वे पूर्णतः समर्पित हैं। अपनी सारी व्यस्तता में वे पढ़ने-लिखने के लिए बराबर समय की खोज में रहती हैं। इसीलिए साहित्य की दुनिया में वे किसी अनाचार को घटित होते हुए देखती हैं तो उसे अपने व्यंग्य का लक्ष्य बनाती हैं। उन्हें आज की कविता की अर्थगत अस्पष्टता, लयहीनता आदि पसन्द नहीं है। वे नये कवियों की तत्काल स्थापित हो जाने की ललक को भी पसन्द नहीं करती हैं—

पैंतीस वर्ष लगे / अशोक वाजपेयी को / एक आकाश छूने में /
पैंतीस दिन / नहीं लगेंगे / अब छोटे-मोटे / अशोक वाजपेयिओं की /
भीड़ जमा होने में। **(लेकिन अब)**

अशोक वाजपेयी ने कोई आकाश छू लिया है, इस पर विवाद की पूरी गुंजाइश है। कवयित्री को अधिक निर्विवाद प्रतीक चुनना चाहिए था।

सुनीता जैन की कविताओं को समग्रतः दृष्टि में रखकर अगर हम प्रश्न पूछें कि उनकी संवेदना का स्वरूप क्या है तो हम बिना हिचक उत्तर दे सकते हैं प्रगीतात्मक। उनकी संवेदना में प्रगीतात्मक संवेदना की वैयक्तिकता, तरलता, सघनता, अन्विति, तीव्रता और लयात्मकता की विशेषताएँ प्रचुर मात्रा में विद्यमान हैं। इन विशेषताओं को उनके सभी कविता-संग्रहों की कविताओं में विभिन्न स्तरों पर अनुभव किया जा सकता है। उनकी कविताएँ इन्द्रियानुभवों और भावों से निर्मित हुई हैं, बुद्धिप्रसूत विचारों से नहीं। उनकी '*अँगने के फूल*' कविता किसी भी श्रेष्ठ प्रगीत अथवा नवगीत से टक्कर ले सकती है—

डूबता मस्तूल

धीरे
देखता बस
कूल
देखता चुपचाप
झरते
वृक्ष अपने
फूल
देखता घर लौट
मितवा,
अँगने की
धूल। **(लेकिन अब)**

ऐसी प्रगीत जैसी उन्होंने तमाम कविताएँ लिखी हैं। इस कविता में 'मितवा' और 'अँगना' शब्द विशेष रूप से हमारा ध्यान आकर्षित करते हैं। इन शब्दों के साथ जो संवेदना और संस्कार जुड़ा हुआ है, वह उनके तत्सम रूपों—'मित्र' और 'प्रांगण' के साथ नहीं। सुनीता जैन की कविताओं में इस प्रकार की विशेष संवेदना और संस्कारों वाले बहुत से शब्दों का प्रयोग हुआ है, जो हमारे लोकजीवन से भी संबद्ध हैं और हमारी साहित्यिक-सांस्कृतिक परम्परा से भी। '*तुम*' शीर्षक कविता में उन्होंने माँ को सौहर में सौंठ-अजवायन' और 'नेहर में नेह का द्वार' कहा है। **लेकिन अब** यह कहने की आवश्यकता नहीं कि ये शब्द विशेष संस्कारों से जुड़े होने के कारण पाठक के मन में विशेष प्रकार के संवेदनाचित्र जगाते हैं। आज जब अस्पतालों में बच्चे जन्म ले रहे हैं तब 'सौहर' और उसमें 'सौंठ-अजवायन' अप्रासंगिक लगने लगे हों यह अलग बात है लेकिन कितने भारतीयों के लिए? भारत जैसे विशाल, वैविध्यपूर्ण और दीर्घ परम्परा वाले देश के कितने संस्कारों को बदला जा सकता है? घड़ौची, धैया, लाड़ो, पियरवा, छप्पर, मड़िया इत्यादि शब्दों को जब हम उनकी कविताओं में पढ़ते हैं तब एक विशेष संवेदनालोक में पहुँच जाते हैं। क्या उनकी निम्नलिखित पंक्तियों को पढ़कर कालिदास का निम्नलिखित छन्द याद नहीं आता—

अनबींधे मोती / अनचाखे मधु / अनाघ्रात पुष्पों में/
पल-पल का विश्वास मिला।...

(सच कहती हूँ)

अनाघ्रातं पुष्पं किसलयमलूनं कररु है—
रनाविद्‌घ रत्नं मधु नवमनास्वादिरसम्।
अखण्डं पुण्यानां फलपिव च तद्‌रुपमनघं
न जाने भोक्तारं कमहि समुपस्थास्यति विधिः॥

(अभिज्ञानशाकुन्तल, २/११)

भाषा की यह संस्कारशीलता सुनीता जैन की कविताओं में सर्वत्र विद्यमान है। उनकी कविताओं में हमें बिम्बात्मक प्रतीक या प्रतीकात्मक बिम्ब प्रचुर मात्रा में मिलते हैं, जो उनकी सघन और तीव्र संवेदनशीलता का प्रमाण हैं। उनकी कविताओं में अलंकरण बहुत नहीं है, लेकिन उन्होंने अपनी कुछ कविताओं में मौलिक उपमानों का बड़ा सटीक प्रयोग किया है। दो उदाहरण प्रस्तुत हैं—

(i) खेले गये कंचो-सा / हर दिन बिल्लौरी / तेज-तेज बिखरा।

(सच कहती हूँ)

(ii) नयी-नयी वधू-सी / घड़ी मेज की / ऊँघी-ऊँघी चलती है।

(इतना भर समय)

इन उदाहरणों में आये उपमान नये होने पर भी हमारी संवेदना को जाग्रत करने में समर्थ हैं। वे हमें चमत्कृत नहीं करते, संवेदित करते हैं।

इतने विवेचन के बाद यह कहने की आवश्यकता नहीं रह जाती कि सुनीता जैन की कविताओं का अपना वैशिष्ट्य है। यह वैशिष्ट्य उतना अभिव्यक्ति का नहीं है जितना संवेदना का है, लेकिन अगर संवेदना विशिष्ट हो तो क्या अभिव्यक्ति निर्विशिष्ट हो सकती है?

संचेतना 1998

सुनीता जैन : अपने में अपनी खोज

—प्रमोद त्रिवेदी

पल्ले में कुछ तो
गाँठें होंगी ही
खुलती कुछ यादों की
डलतीं संकल्पों की।"

कवयित्री सुनीता जैन की ये काव्य पंक्तियाँ बहुत सीधी-सरल ही नहीं, बल्कि सपाट भी लगती हैं पर मनुष्य के पूरे व्यक्तित्व में कुछ ज्ञात और अज्ञात गाँठें ही तो होती हैं। हम उन गाँठों को, उनके पड़ने के कारणों को चाहे न जान पायें जो जानना जरूरी भी नहीं है पर उनके परिणाम को जरूर जान सकते हैं। सुनीता जी ने अपने व्यक्तित्व में पड़ी दो किस्मों की गाँठों का उल्लेख किया है। एक स्मृतियाँ, दूसरी संकल्पों की गाँठें। शायद ही कोई मनुष्य हो जो स्मृतियों से सर्वथा विहीन हो। व्यक्ति या सर्जक इतिहास में नहीं अपनी स्मृतियों में ही अधिक जीता है या स्मृतियों को (अब इतिहास और स्मृति के विस्तार में जाएंगे तो विषयान्तर हो जाएगा।) एक सामान्य व्यक्ति का अपनी स्मृतियों में जीना और एक सर्जक का अपनी स्मृतियों में होना दो भिन्न स्थितियाँ हैं। सर्जक स्मृतियों को जीता ही नहीं है बल्कि उन्हें रचकर जाग्रत भी करता है। स्मृतियों को रचने का संकल्प और इसकी चुनौती ही रचनाकार का आत्म-संघर्ष है। यह संघर्ष व्यक्ति और सर्जक के बीच भी होता है और एक रूढ़ कामचलाऊ भाषा से भी। हम नयी भाषा नहीं गढ़ते हैं। 'ये पल्ले की कुछ गाँठें' ही हमारी भाषा और रचना-शिल्प का निर्धारण करती हैं। यहीं हम अपने लिए प्रामाणिक हो सकते हैं और दूसरों के लिए विवादास्पद या अपनी उपेक्षा करके हम दूसरों के लिए वरेण्य भी हो सकते हैं। ये चार पंक्तियाँ अधिक विस्तार में जाने के लिए बाध्य कर रही हैं। उचित यही होगा कि विस्तार और गहराई में जाने का अवकाश पाठक को दे दिया जाए।

हमारी यह सदी एक तरह से राजनीतिक जागरूकता की सदी रही है। समाज और सामाजिक सोच के केन्द्र में अर्थ आ गया। वही हमारी दिशा का निर्धारक होता गया। इन सौ-सवा सौ सालों में हम वह सब कुछ जो जरूरी था उसे और जहां जरूरत नहीं थी उसे भी राजनीतिक-आर्थिक दृष्टि से देखने के अभ्यस्त हो चुके हैं। एक पूरी सदी में

हमारा यह संस्कार और स्वभाव विकसित हुआ है तो अपने स्वभाव और संस्कार को आसानी से बदल भी नहीं सकते। बल्कि ऐसी बात कहना भी आज गैर समझदारी माना जाता है। इसके पीछे भी अहम कारण रहे हैं और उन्हें नजरअन्दाज नहीं किया जा सकता है। देश या कि राजनीति से प्रेरित देश को जागरूक समाज की जरूरत थी। उसने कवियों, लेखकों, चिन्तकों, कलाकारों और संस्कृतिकर्मियों को गुहार लगायी। सबने तब देश की पुकार सुनी थी :

हम कौन थे, क्या हो गये और क्या होंगे अभी !
आओ विचारें आज मिलकर ये समस्याएँ सभी।

"हमने सोचा, हमने किया और अन्ततः हमने अपना लक्ष्य (?) पा भी लिया"। तब भी हम कौन थे ? क्या हो गये ! का मसला आज भी अनुत्तरित ही है। "और क्या होंगे अभी" यक्ष-प्रश्न की तरह हमें उद्वेलित, विचलित और भयभीत करता है। केवल राजनीति, केवल राजनीति, केवल अर्थ, केवल आर्थिक सम्पन्नता—अर्थ और राजनीति से प्रेरित हमारा व्यवहार और इससे विकसित उपभोक्तावाद हमें इस सदी के आखरी पड़ाव पर फिर से बल्कि नये सिरे से विचारने को बाध्य कर रहा है—"आओ ! विचारें आज मिलकर ये समस्याएँ सभी।" लगता तो यही है कि राजनीति-पोषित एकांगी —'अद्वैत-दृष्टि' मनुष्य और मनुष्यता की पक्षधर होने के तमाम दावों के बावजूद मनुष्य और मनुष्यता विरोधी ही ज्यादा रही है। राजनीतिज्ञ ऐसा न सोचें और उन्हें सोचना भी क्यों चाहिए पर अब कवि, चिन्तक, कलाकार और संवेदनशील व्यक्ति और संस्कृतिकर्मी भी ऐसा ही सोचते हैं बल्कि उनका व्यवहार भी कमोबेश अब राजनीतज्ञ की तरह ही होता जा रहा है। हमारी दिक्कत यह है कि राजनीति से उत्पन्न समस्याओं से निपटने के लिए हमने एक प्रतिरोधक राजनीतिक दृष्टि ही विकसित की। याने मर्ज का इलाज मर्ज से करने की कोशिश में सर्जक अपना सत्त्व खोता चला गया। (ऐसा सोचना न केवल आपत्तिजनक है बल्कि अक्षम्य अपराध भी। तब भी..) राजनीति हमें भेद करना सिखाती है। परस्पर मतभेद जितने प्रखर होंगे, संघर्ष उतने ही तेज होंगे। संघर्ष की स्थितियाँ बनी रहें, संघर्ष बने रहें यही राजनीति और राजनीतिज्ञों के अनुकूल होता है जब कि सृजन विषमता में समरसता की तलाश करता है। संघर्ष को तीव्र करने में साहित्य उत्प्रेरक का काम करे तथा मानवीयता के हक्र में चल रही लड़ाई में सृजन और सर्जक की भूमिका अहम है—ऐसा सोच हमारी इसी सदी की देन है। अब हम फिर सुनीता जी की काव्य पंक्तियों की और लौटें—

पल्ले में कुछ तो
गाँठें होंगी ही
खुलती कुछ यादों की
डलतीं संकल्पों की...

एक सर्जक की 'संकल्प-गाँठ' एक राजनेता की संकल्प की गाँठ से नितान्त भिन्न

होगी अपनी प्रकृति और उसके परिणाम में भी...।

समवेत की युयुत्सु भूमि के समानान्तर सर्जक 'मैं' की शैली में अभिव्यक्त होता है और स्वयं 'मैं' की संकीर्ण परिधि से मुक्त हो जाता है। वह न केवल स्वयं मुक्त होता है बल्कि अपने समाज को भी 'स्व' की संकीर्णता से मुक्त कर देता है। यदि कोई गायक केवल किसी राग को गाता है तो वस्तुतः वह उस राग का व्याकरण ही गाता है पर यदि उस राग की सारी मर्यादा का निर्वाह करते हुए वह उस राग में स्वयं को गाने लगता है तो वह सही अर्थ में सर्जना कर रहा होता है। इस सर्जना में वह स्वयं भी मुक्त होता है और अपने रसिक श्रोता समाज को भी उस कालावधि में तो मुक्त करता ही है। राजनीति हमेशा 'मैं' का निषेध कर 'हम' की पक्षधर रही है। दिखाने के लिए उसका मुखौटा तो यही है पर वह व्यक्ति को ही वरीयता देती है। राजनीति में तो व्यक्तित्वहीन व्यक्ति भी शीर्ष पर हो सकता है पर बिना व्यक्तित्व या प्रतिभा के सृजन सम्भव ही नहीं है। हमें इस बात पर भी आपत्ति नहीं होनी चाहिए कि व्यक्तित्व का विस्तार सृजन क्षेत्र में व्यक्तित्व का विलोपन नहीं है। 'निराला' स्वयं लिखते हैं :

मैंने 'मैं' शैली अपनाई
देखा दुखी एक निज भाई
दुख की छाया पड़ी हृदय में मेरे
झट उमड़ वेदना आई

'निराला' की यह 'मैं' शैली औद्योगिक क्रान्ति से उपजी समझ का परिणाम नहीं है। वे इसे भारतीय परम्परा से अर्जित कर विकसित कर रहे हैं। सारी चर्चा को इतना विस्तार देने की वजह केवल इतनी ही है कि 'मैं' या व्यक्तित्व सम्पन्नता को आज शंका की दृष्टि से नहीं, हिकारत की दृष्टि से देखा जा रहा है। यह भी केवल संयोग मात्र नहीं, सुनीता जी भी इस 'मैं' शैली से प्रेरित-परिचालित हैं। इसलिए वे आज की हिन्दी कविता की मुख्य धारा (?) से थोड़ी अलग और कुछ दूरी पर खड़ी दिखायी पड़ रही हैं- "पल्ले में कुछ गाँठें तो होगी ही..." इस असंगत संसार में अपने 'गारे-पानी' से एक प्रतिसंसार को रचने की जिद—"गाँठें तो होंगी ही / खुलती यादों की / डलती संकल्पों की" 'ऐसा करते हुए सर्जक को शोर और तमाम आकर्षण से निरपेक्ष 'समाधि' की स्थिति में चले जाना पड़ता है। मैं जानता हूँ कि 'समाधि' जैसी शब्दावली के लिए आज की आलोचना में कोई स्थान नहीं है। (उम्मीद है, सुनीता जी को शायद आपत्ति नहीं होनी चाहिए) पर सुनीता जी की कविताओं में से कई-कई बार गुरजते हुए मुझे लगा (हो सकता है, मैं गलत ही होऊं) उन्होंने इस 'समाधि-स्थिति' का थोड़ा अनुभव अवश्य किया है।

लिखकर या रचकर अपने को—'महाबली' मानने, घोषित करने-करवाने का चलन नया नहीं है। व्यक्ति को उसकी सहजता से काटकर एक मिथक में रूपांतरित करने का कार्य बहुत कुशलता और योजनाबद्ध रीति से होता है। एक पूरा तंत्र हरकत में आ जाता

है। भक्तों को आराध्य चाहिए और आराध्य को उसका भजन, कीर्तन और जयकारा। ऐसे महाबलियों से संवाद असंभव होता है। उनके सृजन का रौब या आतंक भी कम नहीं होता है। मेरे जैसे अदना आदमी की तो ऐसे 'महाबलियों' के सामने घिघ्घी बँध जाती है। (यों भी अपने को मुँह खोलना अब तक नहीं आया—'कुछ गाँठें तो होंगी ही. . .') हमें वे बड़े और ऊँचे पहाड़ नहीं चाहिए जो हवा और उजास को अपनी ऊँचाई से रोक लेते हैं। मनुष्य को ऐसे उत्तुंग पर्वत की नहीं, हवा और रोशनी की जरूरत ज्यादा है।

इस सारे भटकाव में पता नहीं क्यों अचानक बालकृष्ण शर्मा 'नवीन' याद आ गये—

अब तक इतनी यों ही काटी
अब क्या सीखें नव परिपाटी ?
कौन बनाये आज घरौंदा
हाथों चुन-चुन कंकड़, माटी
ठाट फकीराना है अपना बाघम्बर सोहे अपने तन
हम अनिकेतन, हम अनिकेतन।

सुनीता जी ने भी सालों-साल कविताएं लिखकर अपना कोई 'घर' नहीं बनाया। वे कविता में जरूर बसीं, एक 'आत्म-निवेदन' का भाव उन्हें रचना के लिए उकसाता रहा है। दिखने को बहुत कुछ है फिर भी वास्तविकता यही है कि—

क्या कुछ नहीं
बहा संग पानी
गर्व गया जब
डोली उतरे
नखरा जब घर
डोर सँभाली
मान गया जब
उड़ी नीड़ तज
अस्थी अपनी
पोसी-पाली
ठूँठ-ठँठ अब
लिखते अपनी ही वीरानी
क्या कुछ नहीं
बहा पानी संग।

यह केवल कविता नहीं है। यह केवल सुनीता जैन की कविता नहीं है। यह केवल आज की कविता नहीं है। यह तो सुनीताजी ही बतला सकती हैं कि इस कविता को रचकर उन्हें कितना सुख या दुख मिला होगा। पर इस तरह 'अनिकेत हो जाना' अपनी ही

मुक्ति नही (व्यक्ति और सर्जक सुनीता जैन की) बल्कि यह उनके लिए भी मुक्ति का माध्यम हो सकती है जो व्यक्गित रूप से व्यक्ति सुनीता जैन और सर्जक सुनीता जैन को न जानते हों।

जो 'बुद्धिमान' हैं, चतुर हैं, व्यवस्थित हैं, अपने कील-काँटों को दुरुस्त करने और दुरुस्त रखने में दिन-रात लगे रहते हैं। 'मुख्य धारा' (?) में बने रहने के लिए 'हठ योगी' हो गये हैं, उन्हें यह कविता नागवार लगेगी। इस कविता पर उन तमाम स्त्रियों को भी घोर आपत्ति होगी जो नारी संघर्ष में विश्वास करती हैं। नारी-स्वातंत्र्य की मुखर उद्घोषिकाएँ हैं। जिनके पास गिनाने लायक उपलब्धियाँ हैं पर विरोध या उदासीनता सर्जक को अपने सृजन से विमुख नहीं कर सकता। वह मानता है कि—

ये नाम केचिदिह नः प्रथम्यन्त्यवज्ञां
कथयन्तिते किमपितात् प्रतिनैष यत्नः।
उत्पत्स्यतेस्ति मम कोपि समानधर्मा
कालो ह्यमं निरवधिर्विपुला च पृथ्वी॥

'महाबली' या 'महामानव' (सुनीता जी के सन्दर्भ में 'महादेवी') न मानकर यदि मैं सुनीता जी को औसत कद-काठी की स्त्री मान रहा हूँ तो पता नहीं उन्हें यह जानकर कैसा लगेगा? (अब आलोचक (?) की इतनी ठसक तो स्वीकार करनी ही होगी और आलोचक भी यदि कुछ हरकत न करे तो उस पर और उसके आलोचना कर्म को लानत!!!) हाँ, इतना होने पर सर्जक से संवाद किया जा सकता है। उसका सुना जा सकना सम्भव है और अपने उसकी (उसकी रचना) की हद में पाना भी...। वर्ना आज के साहित्य के तुमुल कोलाहल में विभ्रम की सम्भावना ही अधिक है। फिर भी इतनी बात मैं जरूर स्पष्ट करना चाहूँगा कि सर्जक यदि राजपुरुष या राजनेता (सृजन के क्षेत्र भी) नहीं है तो वह इस संसार से विरक्त साधू भी नहीं है। उसे न चाहते हुए भी रहना इसी नाकारा दुनिया में ही है। यदि वह भागना चाहे तब भी उसके (उसकी सर्जनात्मकता के लिए भी) लिए भी सम्भव नहीं है। यहीं उसे खोना भी है और पाना भी। उसे बार-बार पछताना है तो कभी-कभी गर्व करने का भी कि मैं हूँ तो कुछ अपनी शर्तों पर भी हूँ और जहाँ मैं असहमत हूँ वहाँ मैं अपनी क्षमता के अनुरूप प्रतिरोध भी कर रहा हूँ। वह गर्व कर सकता है— विशेष रूप से सर्जक कि मैं केवल अपने लिए ही नहीं हूँ बल्कि अपने समाज के लिए भी हूँ—अपने ढंग से। वह गर्व इसलिए भी कर सकता है कि प्रदूषित हो रहे, संस्कारहीन हो रहे अपने समाज को साफ-सुथरा बनाने और भविष्य को सौंपने के लिए वह कुछ कर रहा है लगातार। चाहे यह सब वह घोर उपेक्षा में ही क्यों न कर रहा हो।

मनुष्य ही नहीं, सम्भवतः सभी प्राणी अपनी-अपनी क्षमता के अनुसार समय और समाज की मार से अपने को बचाने और बनाये रखने की कोशिश अनादि काल से करते

आ रहे हैं। यह कोशिश दूसरे को मिटाकर या हटाकर की जाती है पर सर्जक यह कोशिश रचकर करता है। वह एक ऐसा घर बनाता है जिसमें उसकी समायी भी सम्भव है और उसके विरोधी की भी। जहाँ तमाम असहमतियों के बाद भी संवाद की गुंजाइश बनी रहती है और हजार मतभेद के बावजूद कोई एक मुद्दा ऐसा भी होता है जहाँ सारे मतभेद गौण हो जाते हैं बल्कि निरर्थक भी.. उसके स्वप्न केवल अपने-अपने समाज के लिए ही नहीं होते बल्कि वह भविष्य को भी कुछ बेहतर स्वप्न सौंपता है। यही उसकी भूमिका है। रचनाकार, रचनारत होकर हर बार एक नये रूप में अवतरित होता है और उसी में निःशेष भी। इस तरह समय की छाप उस पर और उसकी रचना पर दिखायी देती है तो वह अपनी सृजनशीलता की छाप अपने समय पर भी छोड़ता है। यह छाप कितनी स्पष्ट और गहरी होगी यह सर्जक के श्रम, उसकी निष्ठा, उसकी क्षमता और उसके संकल्प पर निर्भर करेगा। उचित तो यही है कि इन 'छापों' का मानकीकरण न किया जाए और न ही इनके आधार पर निर्णय दिये जाएँ। रचना-सर्जना सदा से शिवेतर की क्षति के लिए ही होती रही है। सोचना होगा और पता भी करना होगा कि क्या कोई ऐसी रचना-सर्जना भी है या हो रही है जो मनुष्य और मनुष्यता की विरोधी है? यह निर्णय भी अनाग्रही होकर करना होगा। यदि रचना और सर्जना अपने विविध रूपों में मनुष्य और मनुष्यता के साथ और उसकी पक्षधर है तो क्या भाषिक एक खास तरह की भाषा के प्रति आग्रह रचना-सर्जना और सर्जक के पक्ष और उसके विरोध का सबब बनता है?

मैं बार-बार साहित्य की बात करते हुए संगीत की चर्चा कर बैठता हूँ या अभी ऐसा कर रहा हूँ तो इसकी वजह है। संगीत के क्षेत्र में गायक या वादक अपने राग और उसके स्वरों के साथ अपने समय और परिवेशजन्य तनावों और दबावों का अतिक्रमण कर समय की सारी शहजोरी को अपने रचाव से धता बता देता है। पर कवि-लेखक जिसका माध्यम शब्द और भाषा है और उसमें निहित अर्थ भी, उसे तो अपनी इस अवांछित दुनिया में रहना ही नहीं है बल्कि घिसी-पिटी बेजान भाषा में नयी ऊर्जा और दीप्ति पैदा कर इसी दुनिया को अपने समाज (साहित्य-रसिक समाज) के लिए रचकर उस में (समाज में) कुछ स्वप्न भी जगाने हैं। एक गायक से उसका समाज किसी उत्तरदायित्व या प्रतिबद्धता के सवाल नहीं उठाता है। यदि गायक या वादक उत्तरादायी है तो केवल अपने राग की शुद्धता के लिए। पर लेखक यह छूट नहीं ले सकता है। यदि ठेठ और पारम्परिक शब्दावली में कहा जाए तो सर्जक स्वयं यदि 'विकार' का परिणाम है तो उसका सृजन कर्म भी विकार की ही देन है। यह विकार सर्जना होकर अपने समय और समाज को कितना प्रभावित और प्रेरित करता है यह अलग जद्दोजहद है और यहाँ फिर सुनीता जी की पंक्तियाँ स्मरण हो आयी हैं :

पल्ले में कुछ तो
गाँठें होंगी ही
खुलती कुछ यादों की

डलतीं संकल्पों की।

कवि-लेखक की—'स्वान्तः सुखाय' की घोषणा के बाद भी वह और उसका लेखकीय श्रम सामाजिक उत्तरदायित्व से मुक्त नहीं हो सकता है। तब मान लेना चाहिए कि लेखक के सामने चुनौतियाँ बड़ी ही नहीं बल्कि जटिल भी हैं। लेखक अपने समय के विद्रूप को न केवल देखता, उसका प्रतिरोध करता अपने-अपने तरीके से बल्कि इन्हीं विसंगतियों के बीच एक माकूल रास्ता भी बनाता है और अपने पाठक में वे चाहे गिने-चुने ही क्यों न हों (भीड़ से अपेक्षा करना व्यर्थ है।) उस रास्ते में एक विश्वास जगाता है।

श्रीमती सुनीता जैन का सारा सर्जनात्मक प्रयास उनके अतीत की स्मृतियों के साथ अपने वर्तमान के तनावों के आसपास केन्द्रित है। मान सकते हैं, अतीत के प्रति मोह उन्हें रूमानियत में ले जाता है। अगर कोई उन्हें देखे, उनसे मिले तो उसे लगेगा कि उनके पास सुविधापूर्ण जीवन जीने के तमाम साधन हैं। सम्पन्नता है, प्रतिष्ठा है। फिर ये तनाव कैसे? यह किस-किस्म की पीड़ा है? क्या उन्हें कल्पित पीड़ा और कल्पित तनावों को गढ़ने का शगल है? तो इस आरोपित पीड़ा और इसे शब्द देने का क्या मतलब है? जो अब नहीं है और जिसे लौटाया नहीं जा सकता है उसकी छाया में अपने समय के दाय (?) को कमतर करने में क्या तुक है और जो नहीं है उसके लिए लगातार पछताने में। कबीर के शब्दों में कहें तो :

पानी बिच मीन पियासी।

तो संसार कहेगा ही :

मोहे सुन-सुन आवत हाँसी।

केवल सुनीता जी की तरफदारी करते हुए नहीं बल्कि बिलकुल सामान्य रीति से मैं सोच रहा हूँ कि केवल साधन और भौतिक सुविधाएँ क्या सुख का पर्याय हो सकती हैं? क्या यह वह 'पानी' है जिसमें मीन है और प्यासी है। व्यक्ति की प्यास कुछ और ही है, वह इन सुविधाओं और साधनों से बड़ी है। हम सागर के किनारे हैं या सागर के बीच, पर जल की वह अथाह राशि हमारी तृषा को नहीं मिटा सकती। हमें अपना और अपने लायक पानी चाहिए—थोड़ा-अंजुरी भर और वही तो हमें नहीं मिल रहा है। तो व्यक्ति की बेकली और बेबसी आरोपित है—मिथ्या है? सुनीताजी लिखती भी हैं :

बहुत मन करता है कि तुम्हें
मन भर देख लूँ
पर मेज, कुर्सी, टेलीफोन की घण्टी
पैरों की पदचाप तथा अन्य
बहुत से अहसासों के बीच
मैं देखती हूँ सब
बस, तुम्हें नहीं।

ऐसे में तब फिर—यादों की गाँठें तो खुलनी ही हैं। और साधनों-सुविधाओं से गुजरते हुए कुछ सार्थक शब्दों से अपना खालीपन जो दूसरों को भरापूरापन लगने के बाद भी है भरना ही होता है। यह एक संवेदनशील व्यक्ति के लिए लाजमी है। इसके लिए सुनीता जी अपने बचपन में लौटती हैं उसके भरेपूरेपन में जहाँ रंग हैं, राग है, किलकारियाँ हैं, उजास है, पारिवारिकता है। सांस लेने के लिए ताजा हवा है। छोटे-छोटे ना कुछ से अर्थवान क्षण हैं याने वहाँ प्यास बुझाने के लिए पर्याप्त पानी है और उसमें 'मीन' तैर रही है। वह जो कुछ है सुनीता जी के व्यक्तित्व का हिस्सा है और उसे काटकर फेंका नहीं जा सकता है, किसी के जोर देने पर भी नहीं। सुख वे केवल अतीत में ही खोज रही हों ऐसा नहीं है। अतीत में होकर वर्तमान को झेलते हुए पीड़ा ही मिलती है। इस पीड़ा में वे कभी-कभी ईश्वर के प्रति आस्थावान हो जाती हैं। वेदना और 'आत्म निवेदन' यही सुनीता जी के 'काव्य-राग' के 'बेस-नोट्स' हैं। हाँ कभी-कभी अपने त्रासमय वर्तमान में भी उन्हें सुकून भरे लम्हे मिलते हैं तो उन्हें बटोरने में भी वे संकोच नहीं करती हैं :

"बहुत सुन्दर सुबह है
हर वृक्ष का पत्ता नया
हर पात का रंग कैसा
हरा है
दस भाँत का है देख लो
रंग भी हरा यह।"

इस एक हरेपन में सुनीता जी को कहीं सोना घुला मिलता है तो कहीं उन्हीं पत्तों के हरेपन में कूट-कूटकर ताँबा भरा मिलता है। कहीं ये पत्ते हाथों पर रची मेंहदी से लगते हैं। अपने हरे वैभव के साथ सुबह की प्रसन्न धूप में वृक्षों की हरीतिमा घास पर कटे मरकत-सी बिछी लगती है। बहुत कुछ है जो इस हरेपन के साथ उनमें उतर रहा है। यह हरापन उन्हें ही नहीं उनकी रचनात्मकता को सम्पन्न कर रहा है याने दोनों सुबह और सुनीता एक दूसरे से अर्थ पा रहे हैं और एक दूसरे को अर्थ भी दे रहे हैं।. . कहने को आसानी से कहा जा सकता है कि यह भरे पेट का भाव है। बेफिक्री से उपजी कविता है। एक पूरा नरक है इस हरेपन की (या कवि-दृष्टि की) हद के बाहर वह क्यों नहीं दिखायी देता है। अब यह रवैया तो उचित नहीं है कि कोई 'सर्वोच्च शक्ति' यह तय करे कि सर्जक को क्या देखना है और कैसे देखना है और 'बहुत कुछ देखे' को अनदेखा कर देना है। हम प्रजातंत्र में जी रहे हैं अतः कला-सृजन के क्षेत्र में भी 'प्रजातंत्र' बना रहना चाहिए। दोष भले ही दो पर प्रजातंत्र का कोई विकल्प भी हमारे पास नहीं है। सुबह, हरीतिमा का पूरा वैभव यदि किसी को स्व की परिधि से उसकी ऊब, पीड़ा, घुटन, विवशता और जीवन के सारे 'कृष्ण पक्षों' से मुक्त कर यदि विराट से जुड़ जाने, उसमें होने या उसका हो जाने के लिए आमंत्रित कर रहा हो तो उसे अनदेखा करने का कोई कारण तो नजर नहीं आता कम से कम मुझ गँवई व्यक्ति को तो। सवाल यही कि हमने कविता का एक

मुहावरा—एक विशेष मॉडल तय कर लिया है। हम मॉडल को लेकर वैसे ही आग्रही हो गये हैं, जैसे आज साम्प्रदायिक शक्तियाँ। यदि सृजन हमें उदार और मानवीय बनाता है तो हम कविता के मॉडल को भी क्यों न लचीला बनायें? इसमें आपत्ति कितनी सृजन के क्षेत्र से है और कितनी सृजनेतर शक्तियों के द्वारा उठायी गयी यह भी तय करना होगा और उस उदार और लचीले मॉडल को स्वीकृति सृजनरत लोग देंगे या तब भी सृजनेतर शक्तियाँ ही।

परिधि पर रहते हुए हम एक आरोपित जीवन-शैली और बाहरीपन से ऊबते हैं तो उतनी ही उत्कटता के साथ हम अपने केन्द्र और अपनी जड़ों की ओर लौटते हैं। यह लौटना—'ग्रास रूट' की ओर लौटना नहीं होता है, क्योंकि घास की जड़ें जमीन में गहरी धँसी नहीं होती हैं। सर्जक का अपनी जड़ों में लौटना अपने में अपने भीतर की अतल और अपरिचित गहराइयों में उतर कर अपने को ही आविष्कृत या पुनराविष्कृत करने की चुनौती भरी प्रक्रिया है। इस प्रक्रिया में अपने पर से अनावश्यक बोझ को हटाना और अपनी दृष्टि को सही ढंग से फोकस करना पड़ता है। सतही तौर पर ऐसा करना आधुनिकता को नकारते हुए एकाकी होना मान लिया गया है पर क्या किसी कण का अणु हो जाना उसका अलग हो जाना है जब कि वह स्वतः में ही पूर्ण है? एक अणु अपने आप में कितना कुछ समेटे हुए है। बहुत कुछ स्थूल के साथ-साथ चेतन भी...!

यथार्थ पर बहुत जोर दिया जाता है। बुराई भी नहीं है इसमें, पर स्थूल यथार्थ अथवा इसकी सूचनाओं को ही हम सामान्यतः यथार्थ मान लेते हैं। पदार्थ की चाक्षुष अनुभूति यथार्थ है तो अणु की आंतरिक संरचना और उसका विखण्डन भी यथार्थ ही है। एक यथार्थवादी सिद्ध भाषा और इस भाषा के आक्रामक मुहावरे को इस्तेमाल करने के बावजूद सुनीता जैन की सारी रचनात्मकता को अयथार्थवादी नहीं माना जाना चाहिए क्योंकि अनुभव और हमारी धारणाओं से परे भी यथार्थ है। वे अपनी प्रकृति के अनुरूप कौन-सा और कहाँ से यथार्थ को ग्रहण करती हैं यह अलग बात है और इसकी मोहलत हर एक को है। इस स्थिति से आलोचकों को असुविधा जरूर हो सकती है। पूर्व निर्धारित (?) निकषों पर निर्णय देना आसान होता है पर आलोचना का कर्म यह भी है कि वह मूल्यांकन के नये-नये निकष आविष्कृत कर उन्हें परखे। न्यायाधीश का कार्य केवल दण्ड देना नहीं, बल्कि न्याय करना भी है। सही-सही अर्थ में तो केवल न्याय करना ही। सुनीता की सृजन मुद्रा जुझारू नहीं है पर वे अपनी सृजनशीलता से एक प्रतिसंसार रचने के लिए संकल्पवान जरूर हैं। यदि कोई प्रतिसंसार है तो उसमें धड़कनें हैं, हलचलें हैं और इसमें होने के सुख-दुःख दोनों ही हैं। ऐसा करके या करते हुए वे उस द्वैत से जरूर बच गयी हैं जो सृजन और सर्जन दोनों को ही प्रायः अप्रामाणिक बना देता है। सुनीता जी के जीवन में, आचरण में, व्यक्तित्व में जो कुछ है वह एक संयम के साथ व्यक्त हुआ है। उनकी कविताओं में पाठकों को आतंकित करने वाली जटिलताएँ भी नहीं हैं। उनका राग

और विराग शब्द रूप हो अनायास ही एक लय पा लेते हैं। एक शिल्पविहीन शिल्प में कुछ कर दिखाने के यत्न में उन्होंने अपने सच में व्यापक सच को व्यक्त करने की कोशिश की है। हम निर्णय देते हुए यह भूल जाते हैं कि

जो गाता है
वह कितनी
आग दबाता है
पूछो किसी कवि से।

तुम सुनते
सुन छत्तीस कोस तक
डूब कहीं, कहीं जा
उतराते
वह खड़ा किनारे
क्या करता
पूछो किसी कवि से।

वैचारिकी अप्रैल 1998